GCSE
WJEC Spanish

Bethan McHugh and Chris Whittaker

Endorsed by

First published by
Crown House Publishing Ltd
Crown Buildings, Bancyfelin, Carmarthen, Wales, SA33 5ND, UK
www.crownhouse.co.uk
and
Crown House Publishing Company LLC
PO Box 2223
Williston, VT 05495
www.crownhousepublishing.com

© Bethan McHugh and Chris Whittaker, 2016

The right of Bethan McHugh and Chris Whittaker to be identified as the authors of this work has been asserted by them in accordance with the Copyright, Designs and Patents Act 1988.

All rights reserved. Except as permitted under current legislation no part of this work may be photocopied, stored in a retrieval system, published, performed in public, adapted, broadcast, transmitted, recorded or reproduced in any form or by any means, without the prior permission of the copyright owners. Enquiries should be addressed to Crown House Publishing Limited.

Crown House Publishing has no responsibility for the persistence or accuracy of URLs for external or third-party websites referred to in this publication, and does not guarantee that any content on such websites is, or will remain, accurate or appropriate.

British Library of Cataloguing-in-Publication Data

A catalogue entry for this book is available from the British Library.

An extension of this page is on p. 245.
Print ISBN 978-178583085-3
Printed and bound in the UK by
Gomer Press, Llandysul, Ceredigion

CONTENTS

INTRODUCING WJEC GCSE SPANISH..... 5

IDENTITY AND CULTURE 7
UNIT 1: YOUTH CULTURE
Module 1a Self and relationships
Module 1b Technology and social media

1a Self and relationships (1) 8
1a Self and relationships (2) 10
1a Self and relationships (3) 12
1a Self and relationships Vocabulary Glossary.... 14
1b Technology and social media (1) 18
1b Technology and social media (2) 20
1b Technology and social media (3) 22
1b Technology and social media Vocabulary
 Glossary................................. 24
1a & 1b Grammar in Context 26

WALES AND THE WORLD – AREAS OF INTEREST 29
UNIT 1: HOME AND LOCALITY
Module 2a Local areas of interest
Module 2b Travel and transport

2a Local areas of interest (1) 30
2a Local areas of interest (2) 32
2a Local areas of interest (3) 34
2a Local areas of interest Vocabulary Glossary ... 36
2b Travel and transport (1).................. 40
2b Travel and transport (2).................. 42
2b Travel and transport (3).................. 44
2b Travel and transport Vocabulary Glossary 46
2a & 2b Grammar in Context 50

CURRENT AND FUTURE STUDY AND EMPLOYMENT................. 53
UNIT 1 : CURRENT STUDY
Module 3a School/college life
Module 3b School/college studies

3a School/college life (1) 54
3a School/college life (2) 56
3a School/college life (3) 58
3a School/college life Vocabulary Glossary 60
3b School/college studies (1) 62
3b School/college studies (2) 64
3b School/college studies (3) 66
3b School/college studies Vocabulary Glossary ... 68
3a & 3b Grammar in Context 70

IDENTITY AND CULTURE 73
UNIT 2: LIFESTYLE
Module 4a Health and fitness
Module 4b Entertainment and leisure

4a Health and fitness (1) 74
4a Health and fitness (2) 76
4a Health and fitness (3) 78
4a Health and fitness Vocabulary Glossary 80
4b Entertainment and leisure (1) 84
4b Entertainment and leisure (2) 86
4b Entertainment and leisure (3) 88
4b Entertainment and leisure Vocabulary
 Glossary................................. 90
4a & 4b Grammar in Context 92

WALES AND THE WORLD – AREAS OF INTEREST 95
UNIT 2: THE WIDER WORLD
Module 5a Local and regional features and characteristics of Spain and Spanish-speaking countries
Module 5b Holidays and tourism

5a Local and regional features and characteristics of Spain and Spanish-speaking countries (1) . . 96
5a Local and regional features and characteristics of Spain and Spanish-speaking countries (2) . . 98
5a Local and regional features and characteristics of Spain and Spanish-speaking countries (3) . 100
5a Local and regional features and characteristics of Spain and Spanish-speaking countries Vocabulary Glossary 102
5b Holidays and tourism (1) 104
5b Holidays and tourism (2) 106
5b Holidays and tourism (3) 108
5b Holidays and tourism Vocabulary Glossary . . 110
5a & 5b Grammar in Context 112

CURRENT AND FUTURE STUDY AND EMPLOYMENT................ 115
UNIT 2: ENTERPRISE, EMPLOYABILITY AND FUTURE PLANS
Module 6a Employment
Module 6b Skills and personal qualities

6a Employment (1) 116
6a Employment (2) 118
6a Employment (3) 120
6a Employment Vocabulary Glossary 122
6b Skills and personal qualities (1) 124
6b Skills and personal qualities (2) 126
6b Skills and personal qualities (3) 128
6b Skills and personal qualities Vocabulary Glossary............................. 130
6a & 6b Grammar in Context 132

IDENTITY AND CULTURE 135
UNIT 3: CUSTOMS AND TRADITIONS
Module 7a Food and drink
Module 7b Festivals and celebrations

7a Food and drink (1) 136
7a Food and drink (2) 138
7a Food and drink (3) 140
7a Food and drink Vocabulary Glossary 142
7b Festivals and celebrations (1) 146
7b Festivals and celebrations (2) 148
7b Festivals and celebrations (3) 150
7b Festivals and celebrations Vocabulary Glossary.............................152
7a & 7b Grammar in Context 154

WALES AND THE WORLD – AREAS OF INTEREST 157
UNIT 3: GLOBAL SUSTAINABILITY
Module 8a Environment
Module 8b Social issues

8a Environment (1) 158
8a Environment (2) 160
8a Environment (3) 162
8a Environment Vocabulary Glossary.........164
8b Social issues (1) 168
8b Social issues (2) 170
8b Social issues (3) 172
8b Social issues Vocabulary Glossary 174
8a & 8b Grammar in Context 176

CURRENT AND FUTURE STUDY AND EMPLOYMENT................ 179
UNIT 3: ENTERPRISE, EMPLOYABILITY AND FUTURE PLANS
Module 9a Post-16 study
Module 9b Career plans

9a Post-16 study (1) 180
9a Post-16 study (2) 182
9a Post-16 study (3) 184
9a Post-16 study Vocabulary Glossary 186
9b Career plans (1).......................188
9b Career plans (2).......................190
9b Career plans (3).......................192
9b Career plans Vocabulary Glossary 194
9a & 9b Grammar in Context 196

GRAMMAR......................... 199
VERB TABLES 232
REFERENCES 240
IMAGE CREDITS 245

INTRODUCING WJEC GCSE SPANISH

WJEC GCSE Spanish is divided into three main themes. Each theme has sub-themes which are divided into modules.

This makes a total of eighteen modules to be studied during the course. The book is divided up in the same way.

IDENTITY AND CULTURE	WALES AND THE WORLD – AREAS OF INTEREST	CURRENT AND FUTURE STUDY AND EMPLOYMENT
YOUTH CULTURE • Self and relationships • Technology and social media **LIFESTYLE** • Health and fitness • Entertainment and leisure **CUSTOMS AND TRADITIONS** • Food and drink • Festivals and celebrations	**HOME AND LOCALITY** • Local areas of interest • Travel and transport **THE WIDER WORLD** • Local and regional features and characteristics of Spain and Spanish-speaking countries • Holidays and tourism **GLOBAL SUSTAINABILITY** • Environment • Social issues	**CURRENT STUDY** • School/college life • School/college studies **ENTERPRISE, EMPLOYABILITY AND FUTURE PLANS** • Employment • Skills and personal qualities • Post-16 study • Career plans

The exam is divided up equally across the four skill areas: READING, LISTENING, SPEAKING and WRITING. Each exam is worth 25%.

In the READING exam you will have to:

- answer different style questions
- answer three questions in Spanish
- answer two questions on literary texts
- translate into English

In the LISTENING exam you will have to:

- answer different style questions
- answer two questions in Spanish

In the SPEAKING exam you will have to prepare the following:

- role play
- photo card
- conversation on two themes

In the WRITING exam you will have to:

- write in different styles about all three themes
- translate into Spanish

THROUGHOUT THE BOOK YOU WILL SEE THE FOLLOWING ICONS:

READING

The textbook contains plenty of reading exercises on all the topics that might come up in the exam. Some have questions in English, some in Spanish, some require non-verbal responses (like a letter or number) and others require a short written answer. There is also a literary text and a translation into English in every module. All of the questions are similar in style to ones that might come up in the exam.

LISTENING

There are lots of listening exercises on all of the topics with a mix of question styles which are similar to the ones in the exam.

SPEAKING

There are three tasks in the speaking exam. Every module contains a photo card with practice questions, a set of role-play prompts for you to prepare and a set of suggested conversation questions.

WRITING

Every module contains carefully structured tasks that are similar in demand to the writing exam. There is also a translation into Spanish in every module.

EXTRA

Some exercises have an extra section to offer you additional language practice or some more challenging questions.

GRAMMAR

Grammar is a really important part of the GCSE exam. Grammar boxes outline all the grammar points that you need to learn. There is also a 'grammar in context' section at the end of every sub-theme (two modules) with practice exercises, as well as a grammar glossary with verb tables at the back of the book.

Throughout the book we highlight key words, phrases or things you need to know or practise.

At the end of every module there is a list of useful vocabulary which is based on the WJEC GCSE specification.

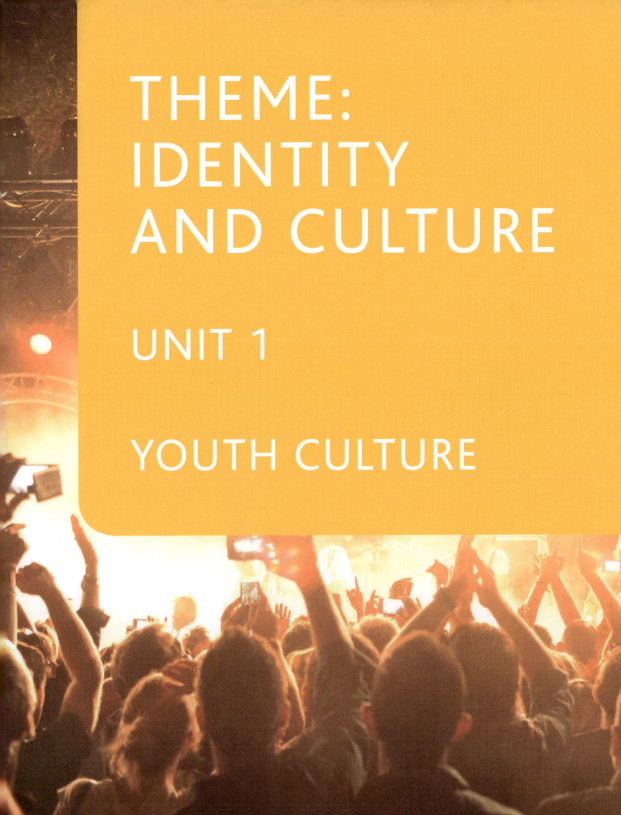

THEME: IDENTITY AND CULTURE

UNIT 1

YOUTH CULTURE

1A SELF AND RELATIONSHIPS (1)

READING

Lee los problemas de estos jóvenes y elige la persona correcta.

Arturo: Mis padres están divorciados y no me llevo muy bien con el nuevo marido de mi madre. Siempre me critica y es muy impaciente conmigo.

Laura: Para mí, hacer amigos no es fácil. Soy tímida y no tengo mucha confianza en mí misma.

Amalia: Odio compartir mi dormitorio con mi hermano menor. Necesito mi propio espacio privado.

Sal: Todos mis amigos tienen pareja pero yo siempre estoy soltero.

1. Busco novia
2. No me gusta salir
3. Me llevo mal con mi padrastro
4. Mi hermano me molesta
5. No es posible tener secretos
6. Siempre discutimos

GRAMMAR

To say 'with me' or 'with you' there is a special form: **conmigo** or **contigo** (but for with him/her/them we can just use **con él/ella/ellos/ellas**).

GRAMMAR

Use **possessive adjectives** to talk about things that 'belong' to us e.g. **my** family, **his** house, **her** boyfriend.

- mi/mis   my
- tu/tus   your
- su/sus   his/her/its

A possessive adjective must agree with the noun that follows it: e.g. **mi** primo – my cousin, **mis** padres – my parents.

See page 206 for more information.

READING

Read the quiz from a Spanish magazine and answer the questions in English.

Test ¿eres un buen amigo?

<u>Todos necesitamos tener al menos un amigo en la vida.</u> En el contexto de las redes sociales, la palabra 'amigo' describe a contactos más que a relaciones. Se puede mandar mensajes a los 'amigos' pero <u>no es lo mismo que tener una relación personal</u>. A veces nos preocupamos por tener amigos; pero es más importante **ser** un amigo.

Si quieres saber si eres un verdadero amigo o solamente un contacto contesta a las preguntas del test con sinceridad:

1. Si un amigo me cuenta un secreto …
   a. No se lo cuento a nadie.
   b. <u>No suelo guardar bien los secretos.</u>
2. Cuando un amigo tiene un problema …
   a. Me preocupa mucho.
   b. No me importan sus problemas.
3. Cuando tu amigo te cuenta un problema …
   a. Le escucho atentamente.
   b. Prefiero hablar de mis problemas.
4. Cuando tienes un problema, ¿confías en tu amigo?…
   a. Claro que sí.
   b. <u>Nunca hablo de mis problemas con mi amigo.</u>

a: **Amigo verdadero** – eres un amigo de verdad.
b: **Amigo dudoso** – debes revisar qué significa la palabra 'amigo' para ti.

1. What does the article say about friends on social media?
2. According to the article, what do we sometimes worry about?
3. What should we be worrying about instead?
4. What is the quiz trying to find out?
5. According to the quiz answers, write **three** details about what a real friend does.

EXTRA

Translate the underlined sentences into English.

YOUTH CULTURE | **9**

READING

Translate the following into English:
- ¿Te llevas bien con tus amigos?
- Mi hermano menor es muy molesto.
- Mi mejor amiga siempre lleva ropa de moda.
- Mi primo va a casarse la semana que viene.

WRITING

Escribe una frase sobre cada tema:
- tu familia
- tus amigos
- tu aspecto físico
- tu personalidad

EXTRA

Escribe un párrafo sobre un problema (¡puede ser imaginario!) que tienes.

LISTENING

Listen to the conversation between Rosa and Javi. What are they talking about? Choose the five correct sentences.
1. Javi's sisters are really annoying.
2. Javi has older sisters.
3. Javi prefers being alone.
4. Rosa doesn't have brothers or sisters.
5. Rosa has a big family.
6. Rosa thinks her life is boring.
7. Rosa's parents are easy going.
8. Rosa goes out a lot.
9. Javi's mother doesn't work.
10. Javi is allowed to stay out late.

EXTRA

Find the Spanish for:
1. They don't leave me in peace.
2. I think you are lucky.
3. I can do what I want.

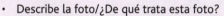
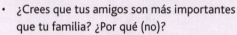
Photo card
- Describe la foto/¿De qué trata esta foto?
- ¿Crees que tus amigos son más importantes que tu familia? ¿Por qué (no)?
- Los jóvenes se llevan mejor con sus amigos que con sus padres. ¿Estás de acuerdo?
- ¿Qué vas a hacer con tu familia en casa esta noche?
- ¿Cómo sería tu pareja ideal?

SPEAKING

GRAMMAR

Remember, in Spanish verb endings change depending on who is doing the action. Most follow a regular pattern. See pages 232–233 for more information about regular **ar**, **er** and **ir** verbs.

Be careful – some common verbs have an irregular **yo** form in the present tense:

- digo – I say
- doy – I give
- hago – I make/do
- salgo – I go out
- sé – I know
- soy/estoy – I am

GRAMMAR

It's really important to keep revising the **present tense**. We use it to describe something that's happening now or something that happens regularly. See page 216.

1A SELF AND RELATIONSHIPS (2)

Read this poem which has been adapted from *Algunas amistades son eternas* by Pablo Neruda and answer the questions in English.

> Algunas veces encuentras en la vida
> un amor especial:
> alguien que al entrar en tu vida
> la cambia por completo,
> alguien que te hace reír
> cuando estás triste.
> Tu amor eterno te ayuda
> en los momentos difíciles y tristes,
> tu amor eterno te lleva de la mano
> y te dice que todo va a salir bien.
> Si tú encuentras tal amor
> te sientes feliz y lleno de alegría
> porque no tienes nada de qué preocuparte.
> Tienes un amor para toda la vida,
> ya que un amor eterno no tiene fin.

Read the following statistics. What are they about?

- Hay un 32% de jóvenes españoles que desean casarse en el futuro.
- El 43 por ciento de los jóvenes quiere tener hijos en los próximos 15 años.
- En España se puede casarse a los 16 años si la familia está a favor.
- Casi la mitad de los matrimonios jóvenes termina en separación o divorcio dentro de los 10 años.

Are the following statements true, false or not mentioned in the text?

1. 43% of young people don't want children.
2. Your family need to agree if you want to get married at 16.
3. Almost 50% of 'young marriages' end in separation or divorce.
4. About a third of young people hope to get married one day.
5. You can get married at 18 without your parents' permission.
6. 57% of young people want to have children in 15 years' time.

1. What is the subject of the poem?
2. Give **two** details about what happens when you find your ideal partner.
3. How does the poet say you will feel if you find them?
4. Why will you feel this way?
5. How long will this love last for?
6. Find out how to say 'everything is going to go well'.

The Spanish for 'someone' is **alguien** e.g. Busco a alguien – I'm looking for someone.

To make a sentence negative you usually put **no** before the verb: e.g. **no** tengo hermanos – I don't have any brothers or sisters.

Translate the four statements into English.

YOUTH CULTURE | 11

SPEAKING

Role play
- Describe your favourite celebrity
- Say how you get on with your friends
- Say what you did with your friends yesterday
- Ask your friend if they have brothers or sisters
- Ask your friend a question about fashion
- Say what you will wear to a party at the weekend

Asking questions in Spanish is easy. You can turn statements into questions by adding question marks: e.g. vamos a salir – we are going to go out, ¿vamos a salir? – are we going to go out?

Or you can use a question word (**interrogative**):

- ¿Cómo? – How?
- ¿Qué? – What?
- ¿Quién? ¿Quiénes? – Who?
- ¿Dónde? – Where?
- ¿Cuál? ¿Cuáles? – Which?
- ¿Cuándo? – When?
- ¿Por qué? – Why?
- ¿Adónde? – Where (to)?
- ¿Cuánto? – How much?

GRAMMAR

Ir a + infinitive is a really useful way to include another tense in your Spanish.

It's called the **immediate future** and it's used to say what you are going to do or what is going to happen e.g. **Voy a tener** hijos dentro de diez años – I'm going to have children in ten years.

See page 222 for more information.

GRAMMAR

Another common negative word is **nunca** which means never. It can go at the start of the sentence instead of **no**: e.g. **nunca** voy a tener hijos – I'm never going to have children.

Or you can put **no** at the start and **nunca** at the end of the sentence: e.g. **no** voy a tener hijos **nunca**.

See page 220 for more negatives.

WRITING

Responde a las preguntas. Escribe al menos una frase para cada pregunta.
1. Describe a tu amigo/a ideal.
2. ¿Qué haces con tus amigos normalmente los fines de semana?
3. ¿Qué vas a hacer dentro de quince años (matrimonio, hijos etc.)?

EXTRA

¿Crees que el matrimonio es importante para los jóvenes? ¿Por qué (no)?

LISTENING

Escucha este anuncio de radio. ¿De qué trata el anuncio?
Rellena los espacios con las palabras correctas.

1. El sitio web te da la oportunidad de buscar _____.
2. Puedes conocer a un novio en el _____ o en el _____.
3. Algunas personas piensan que es _____ buscar pareja por Internet.
4. No es un proceso _____ ni _____.
5. Para encontrar a la persona ideal necesitas una _____ positiva.
6. Tienes que ser _____.

loco	actitud	ordenador
paciente	gimnasio	fácil
novio	rápido	
oportunidad	colegio	

1A SELF AND RELATIONSHIPS (3)

READING

Read what Leo and Alicia say about fashion.

> La moda nos permite expresarnos. Cada persona es diferente y no se debe criticar a los que llevan ropa de estilos distintos. Lo más importante es sentirse bien y a gusto consigo mismo.
>
> **LEO**

> Los jóvenes necesitan ser aceptados por los amigos. Por eso yo diría que la moda no tiene mucha importancia – hay un estilo que un grupo o persona crea y luego todo el mundo lo copia.
>
> **ALICIA**

Who do you think would say each statement – Leo or Alicia?

1. Everyone is different.
2. Young people copy each other's styles.
3. You need to feel good about yourself.
4. You shouldn't make negative comments about how people dress.
5. It's important for young people to look the same as everyone else.
6. Young people need to feel part of a group.
7. We can express our creativity through our clothes.
8. I don't think fashion is very important.

EXTRA

Find the Spanish for:
- the most important thing
- comfortable
- I would say
- everyone

READING

Lee este blog. ¿De qué trata? Responde a las preguntas en español.

Hay mucha gente que quiere ser famosa, algunos consiguen esta fama tan deseada y otros no. Las celebridades son personas que todos conocen y su vida no puede ser privada ya que los 'paparazzi' están todo el tiempo encima de ellos.

En una sociedad obsesionada con las celebridades, ellas pueden tener un fuerte impacto sobre la vida de una persona. Desde las tendencias de la moda hasta las opiniones políticas, el estilo de vida de una celebridad puede influir en los intereses y el comportamiento de los jóvenes.

Pero ¿son estas personas un ejemplo a seguir? ¿tienen influencia en la vida de sus fanáticos? Muchos de estos jóvenes artistas tienen muchos vicios y muchos padres se preocupan por sus hijos fanáticos y tienen miedo porque sus hijos intentan imitar a sus ídolos. Esta cultura de la imitación comienza a una temprana edad, ya que la fama, la belleza y el dinero representan lo que se quiere ser o tener.

1. Escribe **un** detalle sobre las celebridades (en el primer párrafo).
2. Escribe **tres** detalles sobre lo que las celebridades pueden influir (en el segundo párrafo).
3. Escribe **dos** cosas que los jóvenes quieren tener (en el último párrafo).

EXTRA

1. What might parents worry about?
2. Translate the first paragraph into English.
3. Translate the two questions in the third paragraph into English.

SPEAKING

Conversation
- Describe a tu mejor amigo/a.
- ¿Te interesa la moda? ¿Por qué (no)?
- ¿Qué tipo de ropa prefieres?
- ¿Quién es tu celebridad preferida? ¿Por qué?
- ¿Qué ropa vas a llevar este fin de semana?
- ¿Crees que las celebridades tienen demasiada influencia?

GRAMMAR

Both **ser** and **estar** mean 'to be' but in different ways.

Ser is used with: physical description, personality and character, nationality, race, gender, professions, what things are made of, dates, days, seasons, time and possession e.g. **soy** alto.

Estar is used with: feelings, moods, emotions, physical conditions or appearances, marital status and location of things and people e.g. **estoy** cansada.

See page 220 for more details.

GRAMMAR

Remember that **gustar** and **encantar** don't work in the same way as other verbs.

Use **gusta/encanta** for single things or an activity (using a verb) e.g. **me gusta** la ropa (I like clothes), **me encanta** diseñar (I love designing).

Use **gustan/encantan** for two or more things e.g. **me gustan** los deportes (I like sports), **me encantan** la ropa y la joyería (I love clothes and jewellery).

You also need to use **indirect-object pronouns** (**me, te, le, nos, os, les**) in front of the verb (see page 219 for more information) e.g. **le** gusta – he likes it, **nos** gustan – we like them.

Use **mucho** to say you like something a lot e.g. me gusta **mucho**.

LISTENING

Listen to the interview with the Spanish model Marina Pérez and write one detail for each point.

Section 1
1. Height
2. Age
3. Future plans

Section 2
4. Her beauty secrets
5. Favourite clothes
6. Her opinion of Spanish fashion

EXTRA

Write **one** advantage and **one** disadvantage that Marina gives about the TV programme *Supermodelo*.

WRITING

Translate these sentences into Spanish:
1. The most important thing is fame.
2. Many young people want to be famous.
3. Celebrities have a lot of influence.
4. I prefer to wear clothes with different styles.

1A SELF AND RELATIONSHIPS VOCABULARY GLOSSARY

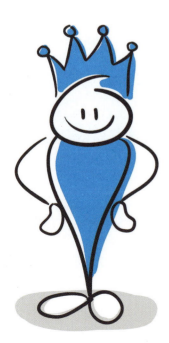

la abuela	grandmother
el abuelo	grandfather
los abuelos	grandparents
el/la amigo/a	friend
el bebé	baby
el/la conocido/a	acquaintance
el/la cuñado/a	brother/sister-in-law
la esposa	wife
la familia	family
los gemelos/os (los mellizos/as)	twins
la hermana	sister
la hermanastra	half-sister/stepsister
el hermanastro	half-brother/stepbrother
el hermano	brother
el/la hermano/a mayor	older brother/sister
el/la hermano/a menor	younger brother/sister
los hermanos	brothers and sisters
la hija	daughter
la hijastra	stepdaughter
el hijastro	stepson/stepchild
el hijo	son/child
el/la hijo/a único/a	only child
el hombre	man
la madrastra	stepmother
la madre	mother
el marido	husband
la mujer	woman/wife
el/la niño/a	child
la nuera	daughter-in-law
el padrastro	stepfather
el padre	father
los padres	parents
la pareja	couple

el/la pariente	relative/relation
el/la primo/a	cousin
el/la sobrino/a	nephew/niece
el/la suegro/a	father/mother-in-law
el/la tío/a	uncle/aunt
los tíos	uncle and aunt
el yerno	son-in-law

amar	to love
ayudar	to help
casarse	to marry
comprender	to understand
conocer	to know, get to know, meet
desear	to wish, want
discutir	to argue, discuss
divorciarse	to divorce
estar casado/a	to be married
estar divorciado/a	to be divorced
estar separado/a	to be separated
estar soltero/a	to be single
gustar	to like
llevarse bien/mal con	to get on well/badly with
molestar	to annoy
odiar	to hate
permitir	to allow
prohibir	to forbid
querer	to want
saludar	to greet
separarse	to separate
ser amigos	to be friends
ser pariente de	to be related (to)
tener permiso	to be allowed
tener razón	to be right

la amistad	friendship
el amor	love
la comprensión	understanding
el permiso	permission
la relación	relationship
la religión	religion

casado/a	married
cercano/a	close
comprensivo/a	understanding, sympathetic
comprometido/a	engaged
conocido/a	known, acquainted
divorciado/a	divorced
injusto/a	unfair
querido/a	dear
separado/a	separated
soltero/a	single
el abrigo	coat
el anillo	ring
el bañador/el traje de baño	swimming costume
la blusa	blouse
la bolsa/el bolso	handbag
la bolsa	bag
las botas	boots
la bufanda	scarf
los calecetines	socks
la camisa	shirt
la camiseta	t-shirt
la cartera	wallet
el chandál	tracksuit
la chaqueta	jacket
el cinturón	belt
el collar	necklace
la corbata	tie
la falda	skirt
la gorra	cap
los guantes	gloves
el impermeable	raincoat
el jersey	jumper
la joyería/las joyas	jewellery
el maquillaje	make-up
las medias	tights
la moda	fashion
los pantalones cortos	shorts
los pantalones	trousers
los pendientes	earrings
la pulsera	bracelet, wristband
la ropa	clothes

las sandalias	sandals
el sombrero	hat
el suéter/el jersey	sweater
los tacones	high heels
la talla/el tamaño	size
el tatuaje	tattoo
el traje	suit
el vestido	dress
las zapatillas de deporte	trainers
los zapatos	shoes
ajustado/a	tight, skinny (jeans)
a la moda	fashionable
barato/a	cheap
caro/a	expensive
clásico/a	classic
corto/a	short
a/de cuadros	checked
elegante	stylish
estrecho/a	narrow, tight
formal	formal
grande	big
pequeño/a	small
a/de rayas/rayado/a	striped
tradicional	conventional

GRAMMAR

Reflexive verbs have a reflexive pronoun (**me, te, se, nos, os, se**) in front of the verb. Useful reflexive verbs when talking about family, friends and relationships are llevarse bien/mal con (to get on well/badly with), sentirse (to feel), casarse (to marry) and divorciarse (to divorce): e.g. **me** llevo bien con mi padre (I get on well with my father), **me** siento muy feliz con mi novio (I feel very happy with my boyfriend).

If you want to use reflexive verbs in the immediate future then you need to put the reflexive pronoun at the end of the infinitive: e.g. Nunca voy a casar**me** – I'm never going to get married.

See page 219 for more information on reflexive verbs.

GRAMMAR

Some verbs are called **radical-changing verbs** which means that the **yo**, **tú**, **él/ella** and **ellos/ellos** forms are different from how you would expect them to be. Some of the most common in the **yo** form are:

- entiendo – I understand
- juego – I play
- prefiero – I prefer
- puedo – I can
- quiero – I want
- vuelvo – I return/go back

See page 217 for more information on radical-changing verbs. See the verb tables on pages 236–239 for more irregular verb forms.

1B TECHNOLOGY AND SOCIAL MEDIA (1)

Read this extract which has been adapted from the novel *Redes Peligrosas* by Vik Arrieta and answer the questions in English.

Lucila apoya sus dedos sobre el blanco teclado se su laptop, su regalo por cumplir los quince años. Ahora tiene una amiga electrónica que le ayuda a estudiar mejor en el colegio. Aprende mucho de ella: por ejemplo, a usar algunos programas básicos de edición de fotografía, el programa de correo electrónico y el de presentaciones. Pero sobre todo, navega. Y *googlea*. *Googlea* todo. Ya no necesita preguntarle nada a nadie: Lucila sabe de todo.

1. Give **one** detail about her laptop.
2. How do we know that she likes the laptop?
3. Give **one** benefit of the laptop.
4. Give **two** things that she has learned to do.
5. What does she use her laptop for most of the time?
6. What is the result of this?

Lee las estadísticas siguientes sobre el *ciberacoso*.

- Un 37% de los jóvenes españoles sufre *ciberacoso*. Un 73% de los jóvenes españoles sufre el acoso fuera de la red y un 86% reconoce sufrirlo tanto fuera como dentro de Internet.
- A más de un 54% de los niños les preocupa el ciberacoso, cifra que alcanza el 81% en el caso de España.
- Un 71% de los padres habla con sus hijos sobre los riesgos online y un 67% de los padres controla el uso del ordenador en casa.

Elige las seis frases correctas.

1. Hay más jóvenes que se preocupan por el ciberacoso en España que en el resto del mundo.
2. Un 33% de los padres no controla el uso del ordenador en casa.
3. Un 71% de los padres no se preocupan de los riesgos.
4. Más de la mitad de los jóvenes en todo el mundo está preocupada por el *ciberacoso*.
5. El 29% de los padres no habla con sus hijos.
6. Un 81% de los jóvenes españoles sufre ciberacoso.
7. Un 73% de los jóvenes españoles sufre acoso fuera de la red.
8. Un 86% de los jóvenes sufre acoso en el colegio.
9. Más de un tercio de los jóvenes españoles sufre *ciberacoso*.
10. Un 67% de los jóvenes hablan con sus padres de los riesgos.

YOUTH CULTURE | 19

GRAMMAR

Other common **negative** words that work in the same way as **no** and **nunca** are:
- Nada – nothing
- Nadie – no one
- Ni ... Ni – neither ... nor (no tengo ni móvil ni portátil)

LISTENING

Listen to this radio advert. Make a note of the following details:
1. Type of shop
2. Other accessories sold
3. Where you can make a purchase
4. Other services offered

EXTRA

What does the advert suggest you do if you want to change your mobile?

GRAMMAR

We have already seen 'conmigo' for with me and 'contigo' for with you. To say **for me** and **for you** it's just **para mí** and **para ti**. For him/her it is **para él/ella**.

GRAMMAR

Lo is probably the most useful little word you will learn in Spanish. It can be used in lots of different ways.

Lo can go in front of pretty much any adjective to express something abstract: e.g. **Lo** importante es ... – The important thing is ...

It can be used to mean **it** when you are talking about a thing or something abstract: e.g. Quiero comprar**lo** – I want to buy it.

We also use it with **lo que** which we can use for a general idea: e.g. **Lo que** me gusta es ... – What I like is ...

WRITING

Escribe un anuncio para un nuevo móvil, ordenador o tableta. Puedes dar más información, pero tienes que incluir:
- El tipo de producto
- Detalles del producto (e.g. precio)
- Dónde se puede comprar el producto

EXTRA

- Tu opinión del producto y las razones

GRAMMAR

Pronouns are really important words that you use to replace **nouns**. What does this mean? It's the difference between saying 'I spoke to my brother on the phone' and 'I spoke **to him** on the phone' – so it's the Spanish equivalent of *me, you, him, her* etc. (me, te, lo/la, nos, os, los/las) and *to me, to you, to him* etc. (me, te, le, nos, os, les). See pages 208–211 for more details.

SPEAKING

Photo card
- Describe la foto/¿De qué trata esta foto?
- ¿La tecnología es muy importante para ti? ¿Por qué (no)?
- El *ciberacoso* es un problema muy grave. ¿Estás de acuerdo?
- ¿Qué características van a tener los móviles del futuro?
- ¿Crees que los jóvenes pasan demasiado tiempo en sus móviles?

GRAMMAR

You have already seen **alguien** for 'someone'.

You use **algo** for 'something' and **alguno/alguna/algunos/algunas** for 'some':

e.g. Puedes suscribirte a **alguno** de nuestros servicios. Hay **algunas** jóvenes que no tienen su propio móvil.

1B TECHNOLOGY AND SOCIAL MEDIA (2)

READING

Read the following comments that have been posted on a Spanish chat forum. What are they discussing?

- 'Tengo amigos en el extranjero, y la mejor manera de mantenernos en comunicación es mediante las redes sociales.' (**Ariana, 17 años**)
- 'Para mí, las redes sociales son una pérdida de tiempo. La única forma de cultivar las amistades es cara a cara.' (**Gregorio, 19 años**)
- 'Mis profesores tienen cuenta, y si no entiendo algo de matemáticas, por ejemplo, puedo poner un mensaje en el muro de mi profesor y él me ayuda a resolverlo en línea.' (**Luis, 15 años**)
- 'La verdad es que soy adicta. Todos los días, después de la escuela, paso horas en casa leyendo los comentarios de mis amigos y lo que ellos escriben sobre los míos.' (**Marina, 16 años**)

Who do you think would make the following statements? Choose the correct person.

1. I hate social media.
2. Social media is useful for my homework.
3. I can't stop checking for updates.
4. I'd rather see my friends than talk to them online.
5. It's brilliant for staying in touch.
6. I spend a lot of time reading what everyone is saying.
7. My teachers use social media too.
8. I use it to speak to my friends who live abroad.

EXTRA

Find the Spanish for:
- a waste of time
- face to face
- the only way
- after school

READING

Read the interview with Luzu Vlogs and write the key information for each question.

¿Quién es Luzu Vlogs?
Soy un chico de 28 años que trabaja de editor de televisión, que vive ahora en Los Ángeles. Ahora mismo dedico todo mi tiempo libre a hacer mis propios videos.

¿Por qué el *vlogging* es tan popular?
El fenómeno de *vlogging* es una alternativa muy eficaz y válida a los medios tradicionales, como la televisión, y me encanta conectar con los jóvenes.

Ahora, tienes tres canales, ¿Quién escribe todo lo que dices?
Yo mismo, hablo de mis experiencias, mis problemas y las soluciones que encuentro a lo largo de mi vida.

¿Tu futuro dónde lo ves?
Creo que soy de una generación que no está satisfecha con la televisión – preferimos la elección absoluta del contenido y la interactuación. Así que sé que el vlogging seguirá creciendo y nosotros los creadores de contenido tendremos que crecer con él, profesionalizaremos el medio cada vez más.

Elige: ¿Éxito o dinero?
Yo me quedo con tener tiempo … ¡para hacer mis vídeos!

- **Three** details about Luzu Vlogs
- **Two** details about vlogging
- **Two** details about the content of his vlogs

EXTRA

1. What does he say about young people's media preferences?
2. What does he say about the future of vlogging?
3. Why could you argue that he is not ambitious?

LISTENING

Escucha esta noticia de la radio y elige la respuesta correcta.

Section 1
1. La noticia trata de …
   a. el uso de los móviles
   b. las redes sociales
   c. los peligros de Internet
2. El porcentaje de la población que se considera adicta a sus cuentas sociales …
   a. 28%
   b. 20%
   c. 29%
3. El porcentaje de la población que tiene aplicaciones sociales en sus móviles …
   a. 32%
   b. 48%
   c. 58%

Section 2
4. El tiempo que los jóvenes de 15–19 años pasan en las redes sociales …
   a. tres horas y cuarto
   b. tres horas y media
   c. hasta tres horas
5. Un 18% de los usuarios consultan sus cuentas …
   a. cada tres horas
   b. cada hora
   c. cada mañana
6. El porcentaje de usuarios que consulta sus cuentas en la cama …
   a. 24%
   b. 18%
   c. 34%

SPEAKING

Role play
- Say what your favourite website is and why
- Ask your friend what they think about social media
- Say how important a mobile is for you
- Say what you used your mobile for yesterday
- Ask your friend a question about their phone
- Say you will send your friend an e-mail later

WRITING

Escribe un artículo para el sitio web de tu colegio sobre las redes sociales. Da información, ejemplos y *justifica* tus opiniones sobre los temas siguientes:
- Tu opinión de las redes sociales
- Tus redes sociales preferidas y las razones
- La tecnología que utilizas regularmente

EXTRA

Escribe un párrafo sobre la importancia de las redes sociales para los jóvenes.

GRAMMAR

There are lots of phrases you can use that need two verbs – a verb plus the infinitive. We use them mainly when we want to talk about things we want to/can/must/have to do. Some of the most common verbs that work with a second verb are:

- **Querer** e.g. quiero comprar un nuevo móvil
- **Poder** e.g. puedo hablar con mis amigos en el extranjero
- **Necesitar** e.g. necesitas pasar menos tiempo en Internet
- **Deber** e.g. debemos pasar más tiempo hablando cara a cara

Another really common phrase is **tener que + infinitive** to say what we have to do e.g. Tengo que pasar menos tiempo en línea.

Other expressions use the infinitive too e.g. **después de** and **antes de** for before and after:

- Después de pasar tres horas en Internet …
- Antes de comprar un nuevo móvil …

Translate the following into English:
1. Creo que las redes sociales tienen muchas desventajas.
2. Quiero comprar un ordenador portátil.
3. Mis padres dicen que paso demasiado tiempo en línea.
4. Después del colegio descargaré una película.

READING

1B TECHNOLOGY AND SOCIAL MEDIA (3)

Empareja estas frases (1–6 con a-f) sobre el mundo en 2044.

1. Todos los habitantes del mundo tendrán …
2. La inteligencia de las máquinas superará …
3. Sensores por todas partes controlarán …
4. Las luces se apagarán …
5. La 'carne' se producirá …
6. Las redes sociales empáticas detectarán …

a. … según las necesidades
b. … los productos electrodomésticos
c. … en el laboratorio
d. … acceso gratis a la red
e. … nuestras emociones
f. … a la humana

Read this essay that a Spanish student has written about the future of technology. Answer the questions in English.

Hoy, tenemos más tecnología que ayer, y mañana tendremos más tecnología que hoy.

   La tecnología es un parte grande de nuestras vidas pero hay que tener en cuenta que la tecnología puede tener una influencia negativa en la interacción social. Reduce la habilidad de leer las expresiones faciales y asimismo, reduce el tiempo que se pasa con la familia y los amigos, lo cual produce jóvenes más solidarios y deprimidos. La tecnología disminuye la productividad y nos quita mucho tiempo de nuestras vidas. La tecnología no va a desaparecer; por el contrario, se va a convertir en una parte siempre creciente de nuestras vidas. Tendremos que controlarla y usarla para mejorar el presente y el futuro.

1. Give at least **four** negative things about technology that are mentioned.
2. What will happen to technology in the future?
3. What will we have to do?
4. Translate the four underlined sentences into English.

Translate the following into English:

Durante los próximos 15 a 20 años veremos algunos avances que revolucionará la salud, el hambre y los problemas ecológicos.

All of these statements are in the **future tense** as they are saying what **will** happen in 2044. Can you identify the verbs and translate them into English?

You have already seen **lo** for **it** for talking about something **abstract**.
   But if you want to be more specific and use **it** to refer to an actual thing, then **lo** has to change to **la**, **los** or **las** depending on whether that thing is masculine, feminine or plural.
   Look at this example from the text: Tendremos que controlar**la** y usar**la** para mejorar el presente y el futuro. What do you think the **la** is referring to here?

- Can you find all the verbs in the **immediate future** and the **future tense** in this text? What do they mean?
- Answer these questions in Spanish – either orally or in writing: ¿Crees que el autor tiene una opinión positiva o negativa de la tecnología? ¿Estás de acuerdo con su opinión? ¿Por qué (no)?

YOUTH CULTURE | 23

Listen to the interview with Fernando Herrera Zapatero, director of a Spanish technology company. Make notes about what he says using the following headings:
- Technology within a decade
- Life in the future

LISTENING

SPEAKING

Conversation
- ¿Te gustan las redes sociales?
- ¿Crees que es necesario tener un móvil? ¿Por qué (no)?
- ¿Cuáles son los aspectos negativos de los móviles?
- ¿Qué tipo de tecnología utilizarás este fin de semana?
- ¿Crees que los padres deberían controlar el uso del ordenador en casa?
- ¿Cuáles son los riesgos de las redes sociales?

GRAMMAR

Although you can use the **immediate future** to say what you are going to do, it's really important to also learn the **future tense** to say what you **will** do or what things **will** happen.

- For most verbs you can just add the future endings to the infinitive (see page 222) e.g. viviré (I will live), seré/estaré (I will be), iré (I will go), but some verbs are irregular e.g.
- tendré (I will have)
- saldré (I will go out)
- haré (I will make/do)

See page 222 for more information on the future tense.

Look at the examples of the future tense on this double page. Find out how to say:

1. They will have free Internet access.
2. We will have more technology.

WRITING

Translate the following sentences into Spanish:
1. Young people spend too much time on the computer.
2. My sister has a new phone but mine is old.
3. Technology is going to change a lot.
4. The good thing is that I love technology.
5. Life in the future will be very different.

1B TECHNOLOGY AND SOCIAL MEDIA VOCABULARY GLOSSARY

el acceso	access
la aplicación	application
el archivo/la ficha	file
los auriculares	headphones
el buscador	search engine
la clave	password
la contraseña	password (computer)
el correo electrónico	e-mail
el cursor	cursor
la flecha	arrow key
la fuente	font
el icono	icon
la impresora	printer
el índice	index
la informática	ICT
inscribir	to enter
Internet	Internet
el iPad/iPod	iPad/iPod
los medios sociales	social media
el menú	menu
obsesionado/a	obsessed
la opción	option
la orden	command
el ordenador/la computadora	computer
la pantalla	screen
el programa	program
el ratón	mouse (computer)
la red informática	network
las redes sociales	social networks
la tableta	tablet
la tecla	key
tecla de las mayúsculas	SHIFT key
el teclado	keyboard

el (teléfono) móvil	mobile (phone)
la ventana	window
adaptar	to customise
adjuntar	to attach
agrandar	to enlarge
apagar	to switch off
aplicar	to apply
arrastrar	to drag
bajar/descargar	to download
borrar	to delete
cancelar	to cancel
chatear	to chat
crear	to create
dar un nuevo nombre	to rename
editar un texto	to edit texts
encender	to switch on
enviar	to send
enviar un mensaje de texto	to text
guardar	to save
imprimir	to print out
introducir/inscribir	to enter
mover(se)	to move
navegar por Internet	to surf the Net
personalizar/adaptar	to customise
picar	to hit
pulsar	to press
quitar/eliminar	to remove
recibir	to receive
reducir	to minimise
restablecer	to restore
seleccionar	to select
subir/cargar	to upload
usar/utilizar	to use

1A SELF AND RELATIONSHIPS

1B TECHNOLOGY AND SOCIAL MEDIA

GRAMMAR IN CONTEXT

1. REGULAR VERBS IN THE PRESENT TENSE
Complete these sentences with the correct form of the present tense of the regular verbs in brackets.

1. Mi hermano _____ (vivir) con su novia.
2. Mis amigos _____ (hablan) demasiado.
3. Cada noche yo _____ (chatear) en Internet.
4. Mi familia y yo siempre _____ (cenar) juntos.
5. Yo _____ (creer) que la amistad es importante.
6. Los jóvenes _____ (utilizar) la tecnología todo el tiempo.

> To find the **present tense** endings for regular **ar**, **ir** and **er** verbs, look at the regular verb tables on pages 232–233. The patterns are always the same.

2. *SER* OR *ESTAR*?
Choose the correct verb – can you explain your choice?

1. Cada persona **es/está** diferente.
2. Los 'paparazzi' siempre **son/están** allí.
3. Algunos padres **son/están** preocupados por sus hijos.
4. Marina Pérez **es/está** alta y guapa.
5. Prefiero **ser/estar** con mis amigos.
6. Both of these phrases are correct – can you work out what they both mean?
   a. Es aburrido/Estoy aburrida.
   b. Marina es bonita/Marina está bonita.

> Remember that **ser** and **estar** both mean 'to be' but they are used for different things. Some adjectives can be used with both **ser** and **estar** but the meanings change slightly. See page 220 for more information.

3. REFLEXIVE VERBS AND IMPERSONAL VERBS

Rearrange these sentences. Can you translate them into English?

1. Bien no llevo me padrastro mi con.
2. Novio me no triste porque siento tengo.
3. Casarnos de universidad a después vamos la.
4. A voy porque me hijos molestan nunca tener.
5. Padres gusta novio mi a mis les no.

> **Reflexive verbs** have a reflexive pronoun in front of the verb. See page 209 for more information.

> Remember that **impersonal verbs** like *gustar* follow a different pattern from other verbs and also need a pronoun. See page 219 for more information.

4. IRREGULAR AND RADICAL-CHANGING VERBS IN THE PRESENT TENSE

Complete these sentences with the correct form of the present tense of the irregular or radical-changing verbs in brackets.

1. Mi hermana _____ (preferir) salir con sus amigos.
2. Irma no _____ (tener) mucha autoconfianza.
3. Mis tíos _____ (querer) separarse.
4. Nosotros _____ (poder) salir hasta muy tarde.
5. Mis padres _____ (ser) muy estrictos.

> To find the **present tense** endings for **irregular verbs**, look at the irregular verb tables on pages 236–239.

> Remember that some verbs have an irregular **yo** form only and that there is also a group of verbs called **radical-changing verbs**. See page 217 for more information.

5. IMMEDIATE FUTURE

Translate these sentences into Spanish:

1. I am going to have children.
2. We are going to live in a big house.
3. My friends are going to write a blog.
4. My sister is going to go out with her boyfriend.

> The **immediate future** allows you to say what you are *going* to do. It is formed with the present tense of the verb **ir + a + infinitive**. See page 222 for more information.

6. FUTURE TENSE

Translate these sentences into English:

1. Viviré en un piso con mis amigos.
2. Mañana compraré un móvil nuevo.
3. La tecnología será más importante en el futuro.
4. Mis padres no estarán muy contentos.

> You use the **future tense** to say what you *will* do or what *will* happen. Look at page 222 for more information.

GRAMMAR

To say *mine*, *yours*, *his* etc. you need to use possessive pronouns. These need to agree with the noun they are replacing.

	mine	yours
Masculine	el mío	el tuyo
Feminine	la mía	la tuya
Masc. plural	los míos	los tuyos
Fem. plural	las mías	las tuyas

e.g. Los míos son muy estrictos (Mine are very strict).

See page 210 for more details.

THEME: WALES AND THE WORLD – AREAS OF INTEREST

UNIT 1

HOME AND LOCALITY

2A LOCAL AREAS OF INTEREST (1)

READING

Lee la información sobre los horarios en el centro de la ciudad. Elige la letra correcta.

1. Los grandes centros comerciales suelen abrir hasta las 21.00 o 22.00 cada día menos el domingo, que cierran a las 17.00.
2. Están abiertos de 9.30 a 16.30 para sacar dinero y algunos también abren los sábados por la mañana.
3. Allí se puede comprar sellos, enviar paquetes, pagar las facturas de electricidad, teléfono, etc. las oficinas abren de 9.00 a 17.30 y los sábados también, pero de 9.00 a 13.00.
4. Sirven comida hasta las 22.00–23.00 y tienen ofertas especiales para la comida entre las 11.00 y las 14.00.
5. La mayoría cierran a la 01.00 aunque algunos están abiertos hasta las 03.00 (para los mayores de 18 años).
6. Los centros de urgencias abren sus puertas de 20.30 a 8.30 de lunes a viernes y las 24 horas los fines de semana y días festivos.

a.

d.

b.

e.

c.

f.

EXTRA

Find the Spanish for:
1. to pay bills
2. special offers
3. bank holidays

READING

Read this travel review of a local attraction and choose the correct answer.

Un excelente lugar para venir a pasear y conocer más de nuestra historia. Uno de los mejores lugares de la ciudad con una vista hermosa y recomendable para visitar en familia.

El museo estaba muy bien ubicado en pleno centro de la ciudad. Tenía unas enormes y magníficas salas llenas de historia y cultura y los empleados parecían conocer todos los objetos en profundidad. El acceso a las colecciones permanente es gratis, pero había exposición temporal sobre la industria del barrio con una entrada pagada. La tienda de recuerdos estaba cerrada durante mi visita, pero la cafetería tenía cafés y pasteles deliciosos y vendía algunos recuerdos baratos.

Es aconsejable irse temprano para ver todo con detenimiento puesto que cierra a las 17.00 horas.

1. Where did Alejandro visit?
   a. An art gallery
   b. A castle
   c. A museum
2. The attraction is suitable for …
   a. groups
   b. families
   c. locals
3. Where is the attraction?
   a. In the town centre
   b. Just outside the town centre
   c. In the industrial zone
4. What does he say about the staff?
   a. They are very friendly
   b. They are very knowledgeable
   c. They don't know much about the exhibits
5. You have to pay to visit …
   a. the permanent collections
   b. the temporary exhibition
   c. the artefacts

6. What was closed during his visit?
   a. The gift shop
   b. The cafe
   c. The temporary exhibition
7. What does he say about the cafe?
   a. It sells some souvenirs
   b. It was closed
   c. There were no cakes left
8. What does he recommend?
   a. Going there at 5 o'clock
   b. Leaving at 5 o'clock
   c. Going early and taking your time

LISTENING

Listen to Jordi and Sara talking about their local areas. For each person, make notes under the following headings:
- What their area was like in the past.
- What their area is like now.
- If they like living there and why/why not.

SPEAKING

Conversation
- ¿Cómo es tu barrio?
- ¿Qué se puede hacer en tu pueblo/ciudad?
- ¿Te gusta vivir allí? (¿Por qué (no)?)
- ¿Prefieres el campo o la ciudad? ¿Por qué?
- ¿Cómo era tu barrio en el pasado?
- ¿Qué te gustaría hacer para mejorar tu región?

WRITING

Escribe un párrafo sobre el barrio donde vives. Puedes dar más información pero tienes que incluir:
- las instalaciones y los monumentos
- tu opinión del barrio
- lo que te gusta hacer en tu barrio

EXTRA
- tu barrio en el pasado

GRAMMAR

We use the **imperfect tense** to say what someone or something was like in the past or what you used to do: e.g. mi pueblo era más tranquilo – my village was quieter in the past.

We also use it to say what we used to do regularly: e.g. en el pasado jugaba en el parque – in the past I used to play in the park.

See page 225 for more information.

GRAMMAR

Hay/había

To say what there is in your town, use **hay** (there is/there are) e.g. hay muchas tiendas (there are lots of shops). To say what there was or what there used to be in the past, use **había** (there was/there were) e.g. en el pasado había menos tráfico (in the past there was less traffic).

GRAMMAR

To say what you can do in your area use **se puede + infinitive**: e.g. se puede ir al cine, se puede visitar los monumentos

GRAMMAR

Remember that the word for **the** (**el/la/los/las**) is different depending on whether the word is masculine, feminine, singular or plural.

If you are talking about places in your town you might need to use **a/an** or **some** instead (e.g. there is **a** castle, *not* there is **the** castle) – in this case use **un/una/unos/unas**: e.g. en mi pueblo hay **un** cine, **unas** tiendas pequeñas y **unos** parques

See page 203 for more information.

A really good way of saying what you usually do is to use the verb **soler + infinitive**: e.g. suelo salir con mis amigos – I usually go out with my friends.

In the imperfect you can use **solía** to say what you usually did: e.g. solía jugar en el parque – I usually played in the park.

2A LOCAL AREAS OF INTEREST (2)

READING

Read this extract which has been adapted from the novel *La obsesión por la calma* by Lorenzo Rubio. Give the information required in English.

Por la tarde Eric va a la zona turística; en la calle principal hay pequeños monumentos, tráfico ruidoso y tiendas de recuerdos. Al lado del río, los árboles dan sombra a las terrazas de los hoteles y restaurantes. Los locales están llenos, todas las mesas ocupadas por turistas. Eric encuentra un camino ideal, impracticable para los vehículos y muy tranquilo. La ciudad disponía de todo, excepto buen clima.

1. **Three** details about the town
2. **Three** details about the hotels and restaurants
3. The only negative about the town

LISTENING

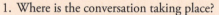

Listen to this conversation and choose the correct answers.

1. Where is the conversation taking place?
   a. In the town square
   b. In a tourist office
   c. In a museum
2. What does Hugo want to visit?
   a. An exhibition
   b. A play
   c. A show
3. Who recommended it to him?
   a. His teacher
   b. A member of staff
   c. His neighbour
4. Choose the **six** correct statements:
   a. The museum is next to the town hall.
   b. Hugo has been living in the town for three weeks.
   c. Hugo is on holiday for three weeks.
   d. The employee gives him a map of the town.
   e. He buys a ticket for the museum.
   f. The museum opens at 10.30.
   g. The museum is open seven days a week.
   h. The museum closes at 6.45.
   i. The museum closes at 5.45.
   j. The museum is closed on Tuesdays.

GRAMMAR

You can use **estar** with the past participle in the same way as an adjective: e.g. la piscina está cerrada, el banco está abierto, las tiendas están cerradas.

WRITING

Escribe un folleto para un monumento turístico en tu región. Puedes dar más información pero tienes que incluir:
- Información práctica (horario, precio etc.)
- Detalles del monumento
- Las razones para visitar el monumento

HOME AND LOCALITY | **33**

READING

Lee este folleto turístico. Rellena los espacios con la palabra apropiada.

¿Desea visitar todos los principales lugares de interés relacionados con la (1) _____ de la ciudad, las tradiciones y las (2)_____ locales?

Disfrute de este tour panorámico que le llevará a los sitios (3) _____ más importantes de la ciudad. Este tour (4) _____ es ideal para aquellos que desean aprovechar la guía (5) _____ y del transporte en autobús, pero sin estar obligados a comprar las (6) _____ para las atracciones.

- (7) _____: todos los días a las 8.30–8.45 de la mañana
- Tour en (8) _____ de lujo con aire acondicionado
- Servicio de (9) _____ (sólo ida) desde más de 80 hoteles en el centro de la ciudad
- Comida (10) _____ incluida
- (11) _____ para jubilados y familias

La (12) _____ no incluye:

- Traslado de regreso al hotel
- Propinas
- Las entradas a los diversos lugares de interés

tarifa	profesional	salidas
autobús	costumbres	turísticos
descuento	gratuita	historia
barato	entradas	traslado

EXTRA

Once you have filled in the gaps, answer these questions in English:
1. Translate the question in bold into English.
2. Why is the tour ideal for people who want to save money?
3. What is the benefit of staying in a city centre hotel?
4. Who are discounts available for?
5. Give two things that are not included in the tour.

Spanish speakers use **tú** and **usted** which both mean *you*. **Tú** is less formal than **usted** – you usually use **tú** when you're talking to someone you know well. **Usted** is used if you are talking to someone you don't know, someone older or someone you need to be polite to (like a teacher!). **Usted** uses the same part of the verb as the **él/ella** form so it can be quite confusing.

See page 208 for more details.

Translate the following sentences into English:

READING

1. ¿Dónde está la oficina de turismo?
2. Toma la segunda a la derecha.
3. Iré al centro comercial mañana por la mañana.
4. El banco está abierto desde las nueve todos los días.
5. No había muchas tiendas en el pasado.

GRAMMAR

Some key **prepositions** to talk about location include:

- delante de – in front of
- detrás de – behind
- enfrente de – opposite
- a la derecha de – to the right of
- a la izquierda de – to the left of
- al lado de – next to
- al final de – at the end of
- lejos (de) – far (from)
- cerca (de) – near (to)
- Remember to use **estar** with all of these:
  e.g. el museo **está** al lado del cine, la oficina **está** al final de la calle

SPEAKING

Role play
- Ask for directions to a local attraction
- Ask a question about the opening times of the attraction
- Give two details about your local area
- Describe a recent visit to a local attraction
- Recommend a place for a tourist to visit in your local area
- Say where you will go in your local area this weekend

2A LOCAL AREAS OF INTEREST (3)

READING

Read what these young people would do to improve their local area. Match the correct statement to each person.

Félix: Nos hacen falta áreas de ocio como parques, discotecas o cines.

Lucía: Tenemos que reciclar nuestros residuos porque hay mucha basura que ensucia la ciudad.

Elena: Preferiría vivir en una ciudad con más museos y galerías de arte para acoger a los turistas.

Mohamed: Necesitamos un sistema de transporte eficaz y barato y más zonas peatonales.

Axel: Me gustaría ver más zonas verdes con árboles y flores.

Luisa: Tienen que construir más casas para atraer a más familias.

1. I wish we had more culture.
2. My town is so ugly because of all the industry.
3. No one ever puts their rubbish in bins.
4. It's so quiet here. There aren't many people my age.
5. My friends all live far away and it's too far to walk.
6. There is nothing to do in the evening, it's really boring.

EXTRA

Find the Spanish for:
- leisure
- to welcome
- cheap
- rubbish
- efficient
- to build

GRAMMAR

Use the conditional to say what you **would** do. Some of the most common phrases to use are:
- Me gustaría – I would like
- Me encantaría – I would love
- Preferiría – I would prefer

GRAMMAR

We already know that **me gusta** and **me encanta** work in a different way from other verbs. **Me preocupa** and **me molesta** in this letter work in exactly the same way.

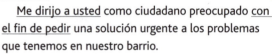
READING

Read this letter from a citizen to his local mayor. Answer the questions in English.

Estimada Sra. Alcaldesa:

Me dirijo a usted como ciudadano preocupado con el fin de pedir una solución urgente a los problemas que tenemos en nuestro barrio.

Lo primero es que hay masificación de población en el barrio. Lamentablemente, siempre hay mucho ruido por la construcción de las casas y viviendas nuevas y todo está muy sucio. Además, me molestan los atascos y la falta de espacios verdes debido a toda la construcción. Nuestra infraestructura no parece adecuada para la población creciente y hay que mejorarla urgentemente. Hace falta un sistema de transporte moderno y más zonas peatonales.

Antes, el barrio era bastante seguro, pero ahora me preocupa la falta de seguridad, debido al aumento de atracos y robos. Para resolver estos problemas, la policía tiene que instalar cámaras de seguridad en algunas calles y plazas.

En espera de su respuesta, le saluda atentamente.

J.J. Delgado

1. What is the reason for J. J.'s letter?
2. What are the problems related to the growing population in his area?
3. In order to improve the infrastructure, what does J. J. think we need?
4. What was the area like in the past?
5. What is he worried about now?
6. What would J. J. like the police to do about it?

HOME AND LOCALITY | 35

EXTRA

Find the Spanish:
- the first thing is that
- unfortunately
- because of
- furthermore

Key phrases to help you write a letter have been underlined. Remember to use the **usted** form when you are writing a formal letter.

LISTENING

Escucha este reportaje sobre la calidad de vida en Málaga: *Los malagueños son los españoles más satisfechos de vivir en su ciudad.* Empareja 1–6 con a–f.

Section 1	Section 2
1. 96%	4. 70%
2. 75	5. 50%
3. 3	6. 91%

a. Cree que la calidad de vida va a mejorar.
b. Ciudades europeas encuestadas y.
c. Se siente seguro.
d. Está contento de vivir en Málaga.
e. Ciudades españolas encuestadas.
f. Se preocupa del medio ambiente.

SPEAKING

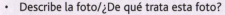
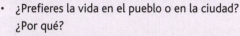

Photo card
- Describe la foto/¿De qué trata esta foto?
- ¿Prefieres la vida en el pueblo o en la ciudad? ¿Por qué?
- Creo que la calidad de vida es mejor en el campo. ¿Estás de acuerdo?
- ¿Qué vas a hacer/qué harás en tu barrio este fin de semana?
- ¿Cómo era tu barrio en el pasado?
- ¿Cómo sería tu barrio ideal?

WRITING

Translate this paragraph into Spanish:
I like living here because there are lots of facilities. In the past I used to live in a small village in the countryside and it was really boring. Now I can do lots of activities. In the future I would like to live in a big city.

GRAMMAR

There are different ways to talk about what your local area **needs**:

You can use the verb **necesitar** e.g. mi ciudad necesita más tiendas.

Or you can use **hacer falta** which works in exactly the same way as **gustar** e.g. You could say nos hace falta un centro comercial – we need a shopping centre or a mi ciudad le hacen falta más restaurantes – my city needs more restaurants.

2A LOCAL AREAS OF INTEREST VOCABULARY GLOSSARY

la acera	pavement
las afueras	outskirts
los (grandes) almacenes	department stores
el alcázar	castle, fort
el aparcamiento	car park
el aparcamiento de varias plantas	multi-storey car park
el árbol	tree
el arroyo	stream
el ayuntamiento	town hall
el banco	bank
el bar	bar
el barrio	area
la biblioteca	library
el borde	edge
el bosque	forest, wood
el buzón	post box
la cafetería	cafe
la calle	street
la calle mayor	main/high street
el camino	way, path, route
el campo	field/countryside
el campo de juego	playing/sports field
la carnicería	butcher's shop
el castillo	castle
la catedral	cathedral
el centro comercial	shopping centre
el centro de la ciudad	city centre
el centro turístico	holiday resort
el césped	grass, lawn
el cine	cinema
la ciudad	city, town
la comisaría	police station
la comunidad	community

(la oficina de) correos	post office
la costa	coast
la cuesta/colina	hill
la droguería	hardware store
el edificio	building
el edificio alto	high-rise building
la estación de autobuses	bus station
la estación de tren	train station
el estadio	stadium
el este	east
la farmacia	chemist
la granja	farm
el hospital	hospital
el hotel	hotel
la iglesia	church
las instalaciones	facilities
las instalaciones recreativas	leisure facilities
la isla	island
la librería	bookshop
el lugar	place
los lugares de interés	places of interest
el mercado	market
la montaña	mountain
el monumento	monument
el museo	museum
el negocio	shop, business
el norte	north
el oeste	west
la oficina de turismo	tourist office
el paisaje	landscape, scenery
la panadería	baker's shop
la papelería	stationery shop
la parada de autobús	bus stop
el parque	park
la piscina	swimming pool
la piscina al aire libre	open-air pool
la piscina cubierta	indoor pool
la pista de patinaje sobre hielo	ice-skating rink
la playa	beach
la plaza	square
la plaza del mercado	market place

la plaza mayor	main/town square
el polideportivo	leisure centre
el pueblo	town, village
el puente	bridge
la región	region
la sierra	mountain range
los sitios	places
el supermercado	supermarket
el sur	south
el teatro	theatre
los terrenos	grounds
la tienda	shop
el valle	valley
la zona	area
la zona peatonal	pedestrian area
abierto/a	open
afuera (de)	outside
cerca (de)	near
cerrado/a	closed
dentro (de)	inside
histórico/a	historical
lejos (de)	far
ocupado/a	busy
pintoresco/a	picturesque
ruidoso/a	noisy
rural	rural
tranquilo/a	quiet, peaceful

GRAMMAR

Use the **imperative** to give advice, instructions or commands.

You will mainly need to recognise it for instructions that are given to you, but you may need to use it to give directions, e.g.:

- **Toma** la segunda calle a la izquierda – Take the second road on the left
- **Sigue** todo recto – Carry straight on
- **Continúa** hasta el final de la calle – Continue until the end of the road
- **Cruza** la calle – Cross the road

See page 228 for more information.

GRAMMAR

There are three groups of demonstrative adjectives in Spanish:

this/these	that/those	that/those (over there/further away)
este, esta, estos, estas	ese, esa, esos, esas	aquel, aquella, aquellos, aquellas

e.g. estas tiendas son grandes, ese parque está lejos, aquel museo abre a la una

2B TRAVEL AND TRANSPORT (1)

READING

Read what these young people say about their journey to school.

Mía: Normalmente mi madre me lleva al colegio cada mañana porque no hay autobuses por la mañana en nuestro pueblo.

Lucas: Prefiero ir andando al colegio porque me da la oportunidad de hablar con mis amigos. Si llueve no me gusta nada ir a pie, pero afortunadamente no está muy lejos.

Luna: En el pasado iba al colegio cada día en el autobús, pero ahora vivimos muy lejos del colegio y tengo que viajar allí cada día en tren.

Iker: Tengo suerte porque mi hermanastro tiene su propio coche y podemos viajar juntos. Mi madre dice que su coche no es muy seguro, pero es mejor que esperar en la parada de autobús cada mañana.

Write down the correct information for each person.

Transport to school:
Reason:
Other details given:

READING

Lee este folleto turístico sobre los 'cocotaxis' en La Habana. Elige las seis frases correctas.

En la capital de Cuba, el 'cocotaxi' es una pintoresca manera de pasear por sus calles aprovechando el buen clima de la isla.

Sólo tiene capacidad para tres personas: el conductor y dos pasajeros en la parte trasera. Su pequeño tamaño no permite llevar demasiado equipaje, lo que convierte a los cocotaxis en una opción para pasear. Pintados de color amarillo, se los puede encontrar circulando por las calles de La Habana o detenidos en sus paradas oficiales.

Antes de viajar en cocotaxi, siempre es mejor hablar con el conductor para indicarle el destino o el paseo que se desea realizar y preguntar el precio antes de subirse y, en caso de no estar de acuerdo, intentar negociar. Hay que tener en cuenta que los cocotazis existen sólo para el turismo, ya que un

trayecto en cocotazi puede llegar a resultar más carto que si se hace en taxi.

1. Tres personas pueden viajar en cocotaxi.
2. No se puede viajar en cocotaxi si hace mal tiempo.
3. En el cocotaxi se pueden llevar maletas.
4. Se puede negociar los precios.
5. Los cocotaxis existen para los turistas.
6. Hay cocotaxis de tamaños diferentes.
7. Los cocotaxis son de color amarillo.
8. Hay precios fijos.
9. El cocotaxi es más caro que un taxi regular.
10. Es necesario explicar el destino al conductor antes de viajar.

EXTRA

Translate the four incorrect sentences into English.

WRITING

Escribe al menos una frase sobre los temas siguientes:
- Tu transporte al colegio
- Tu transporte preferido
- Tu opinión del transporte público
- Tu opinión del transporte privado
- Cómo vas a viajar/viajarás de vacaciones el año que viene

HOME AND LOCALITY | 41

LISTENING

Listen to this advert for the famous 'donkey taxis' for tourists in Mijas, Spain. Choose the correct answers.

1. Where does the trip take you?
   a. Around the main streets of the city
   b. Around the historical and tourist areas
   c. Wherever tourists want to go
2. How long does the trip last?
   a. 15–20 minutes
   b. About half an hour
   c. Depends how far you travel
3. How many people can ride in the horse-drawn carriage?
   a. 6   b. 8   c. 4
4. How much does it cost?
   a. €22   b. €23   c. €20
5. How much does a donkey ride cost?
   a. €12   b. €15   c. €4
6. There are discounts for …
   a. children   b. tourists   c. groups
7. It opens every day from …
   a. 10   b. 8   c. midday
8. The opening hours change according to …
   a. the number of tourists
   b. the weather
   c. if there is a wedding/event

GRAMMAR

Don't forget that when you are describing transport, **adjectives** need to have different endings depending on whether you are describing a masculine, feminine, singular or plural noun.

e.g. el coche es **pequeño** (the car is small), la estación es **moderna** (the station is modern), los trenes son **rápidos** (the trains are fast)

See pages 204–206 for more information on adjectives.

Comparatives and superlatives

GRAMMAR

To make comparisons use **más … que** or **menos … que**: e.g. el tren es **más** cómodo **que** el autobús (the train is more comfortable than the bus), el metro es **menos** caro **que** el tranvía (the metro is less expensive than the tram).

But if you want to say better or worse, then you use **mejor que** or **peor que**: e.g. viajar en avión es **mejor que** ir en tren (travelling by plane is better than going by train).

For **superlatives** (the most …/the least …), use **el/la/los/las + más/menos**: e.g. el transporte público es **el más** caro de la región (the public transport is the most expensive in the region).

But if you want to say the best or the worst, then you use **el/la/los/las mejor(es)/peor(es)**: e.g. los autobuses son **los peores** de la región (the buses are the worst in the region).

See page 204 for more information.

SPEAKING

Conversation

- ¿Cómo vas al colegio cada día?
- ¿Crees que es mejor ir en coche o en autobús? (¿Por qué?)
- ¿Prefieres el transporte privado o público? ¿Por qué?
- ¿Cuáles son las ventajas y desventajas de viajar en avión?
- ¿Cómo vas a viajar de vacaciones el año que viene?
- ¿Qué problemas de tráfico existirán en el futuro? (¿Por qué?)

2B TRAVEL AND TRANSPORT (2)

READING

Lee los detalles sobre las tarifas de autobús. Elige el billete apropiado (A–D) para cada número.

A
Billete Ordinario

El billete ordinario tiene un coste de: **1,45 €**

Bono Multiviaje – **PARA TODO EL PÚBLICO**

Válido 6.00–23.00 todos los días

Precio: 8,70 € (10 viajes)

B
Billete Escolar 1 € para menores de 16 años

Bono Escolar

PARA ESCOLARES ENTRE 4 Y 15 AÑOS

Válido para 60 viajes al mes (lunes– viernes)

Precio: 16,50 €

C
Bono Turista sin límites (24 horas todos los días)

Precio:

Bono de 24 horas: **13 €**

Bono de 48 horas: **16 €**

Bono de 72 horas: **18 €**

D
Bono Joven

PARA JÓVENES ENTRE 16 Y 30 AÑOS

Carga de **30 viajes**.

8.00–7.30 lunes a sábado

Precio: 21,20 €

1. Tienes 14 años y quieres viajar al colegio.
2. Estás de vacaciones y quieres hacer muchos viajes.
3. Tienes 21 años y quieres viajar por la noche.
4. Coges el autobús una vez a la semana.
5. Tienes 16 años y coges el autobús para ir al colegio y tu trabajo los sábados.
6. Quieres hacer múltiples viajes durante tres días.
7. Tienes 12 años y quieres comprar un billete para ir al colegio de vez en cuando.
8. Eres estudiante y quieres ir a la universidad durante la semana.

GRAMMAR

Remember that the **imperfect** tense can describe a repeated action in the past. If you are using any of these time expressions in the past, for example, then you will need to use the imperfect:

- siempre – always
- frecuentemente/regularmente/a menudo – frequently/often
- a veces/de vez en cuando – sometimes
- todos los días/cada día – every day

If you are talking about something that you **did** (in other words, a single completed action in the past), you will need to use the **preterite** instead. If you are using any of these time expressions in the past, for example, you will need to use the preterite:

- ayer – yesterday
- el año pasado – last year
- la semana pasada – last week

WRITING

Translate the following sentences into Spanish:
1. There are 20 km of traffic jams in Madrid.
2. I used to go to school by bus when I was younger.
3. Trains are quicker than buses.
4. I think public transport is less efficient than travelling by car.

HOME AND LOCALITY | 43

READING

Read the results of a survey of young people in a town in Spain about their use of transport. Answer the questions that follow in English.

1. ¿Utilizas el transporte público?
   - Siempre → 81%
   - Nunca → 4%
   - A veces → 15%
2. ¿Qué medio de transporte utilizas más?
   - Metro, autobús, taxi … → 36%
   - Coche, moto, bicicleta … → 64%
3. ¿Con qué frecuencia utilizas los medios de transporte?
   - Diariamente → 59%
   - Semanalmente → 22%
   - Mensualmente → 13 %
   - Me abstengo de utilizarlo → 6%
4. ¿Crees que es eficaz tomar el transporte público?
   - Sí → 60%
   - No → 16 %
   - Depende (metro, autobús…) → 24%
5. ¿Con qué medio de transporte tardas más en llegar al colegio?
   - Autobús público → 40%
   - Metro → 16%
   - Coche privado → 43%
   - Bicicleta → 1%
6. Por el contrario, ¿con qué medio tardas menos?
   - Autobús público → 39%
   - Metro → 38%
   - Coche privado → 4%
   - Bicicleta → 19%

1. How many of the young people surveyed never use public transport?
2. According to the results, which do young people use the most often – private or public transport?
3. How many people claim they never use any type of transport at all?
4. How many people use some form of transport on a weekly basis?
5. What is the slowest way of getting to school?
6. What is the quickest way of travelling to school?

EXTRA

Asking questions and answering unpredictable questions are both features of the speaking exam. Can you work out what the questions in the survey mean? Can you think of an answer for each question in Spanish? Can you make up a question of your own about transport?

LISTENING

Listen to the radio traffic report.

Section 1

What does it say about the following roads:
1. V-31
2. A-6
3. A-23

Section 2

4. Give **two** of the things that drivers will continue to be checked for.
5. Who are these checks particularly aimed at?

SPEAKING

Photo card
- Describe la foto/¿De qué trata esta foto?
- ¿Te gusta hacer ciclismo? ¿Por qué (no)?
- El transporte público es demasiado caro. ¿Estás de acuerdo?
- ¿Cómo viajabas al colegio en el pasado?
- ¿Crees que es peligroso hacer ciclismo por las carreteras? ¿Por qué?

GRAMMAR

The verb **tardar** is used in questions 5 and 6 in the survey to ask about how long journeys take. You can use **tardar + amount of time + en + infinitive** to say how long it takes for someone to do something: e.g. **tardo** cuarenta minutos **en** llegar al colegio (it takes me 40 minutes to get to school).

2B TRAVEL AND TRANSPORT (3)

Read the following instructions. Translate the introduction into English, and then match the instructions (1–8) to the English (a–h).

Gracias a Internet es más fácil conseguir billetes de avión baratos. Estos son algunos de los consejos para adquirir un billete de **avión** al mejor precio posible:

1. Ten en cuenta que los precios cambian según el día e incluso la hora
2. Elige bien el momento de compra
3. Compara los precios
4. Aprovecha las ofertas
5. Busca las fechas más baratas
6. Viaja sin facturar la maleta
7. Paga con tarjeta de débito
8. Aterriza en el aeropuerto más barato

a. Compare prices
b. Travel without checking in a bag
c. Remember that prices change according to the day and time
d. Pay with a debit card
e. Make the most of special offers
f. Choose the right time to buy
g. Land at the cheapest airport
h. Look for the cheapest dates

You've already seen the **imperative** used to give directions. All of these instructions are also in the imperative. You use the **tú** form of the verb (e.g. escuchas, pagas) and take the **s** off (e.g. escucha, paga) for informal commands or instructions. For more information and commands with vosotros, usted and ustedes see pages 228–229.

This extract is written in the past and the two main tenses used are the **imperfect** and the **preterite**. The first line in the text (Veía la tele cuando escuché el ruido) is a good example of the difference between the two tenses. The imperfect is used to describe something that was happening at the time (veía la tele) and the preterite is used to talk about a single completed event (escuché el ruido). Can you find all of the examples of the imperfect and the preterite in this text?

Read the following extract which has been adapted from the novel *Un viaje y un encuentro* by Lorena Uhart. Answer the questions in English.

Veía la tele cuando escuché el ruido. Salí afuera para saber qué ocurrió. Habían colisionado dos coches. Y allí estaba, era el coche de Mateo. Podría distinguir el coche de Mateo, un Alfa Romeo modelo 146 año 1999, en cualquier lugar porque lo compramos juntos el año pasado. Mateo lo tuneó y lo pintó de distintos tonos de azul y blanco, al verlo era como estar bajo el mar.

<u>Comencé a correr. Sentía que mis piernas no respondían pero seguía corriendo.</u> Mateo estaba dentro del coche.

¡Mi amor! ¡Mi amor! ¿Estás bien? – grité.
Al llegar, abrí la puerta y le ayudé a salir.

1. What was she doing when she heard the noise?
2. What did she do when she heard it?
3. Why was she able to recognise Mateo's car?
4. What does she say about what the car looked like?
5. What did she do once she reached Mateo?

Translate the underlined sentence into English.

HOME AND LOCALITY | 45

LISTENING

Escucha esta conversación en el aeropuerto y escribe los detalles necesarios.

Tipo de billete:
Hora del vuelo:
Duración del vuelo:
Clase de billete:
Precio:

SPEAKING

Role play
- Say how you prefer to travel and why
- Mention one problem with the transport in your area
- Say how you travelled to school yesterday
- Say how you will travel on holiday next year
- Ask your friend a question about public transport in their area
- Ask where the bus stop is

GRAMMAR

See page 223 for information on how to form the **preterite** for regular **ar**, **er** and **ir** verbs. Some regular verbs have spelling changes just in the **yo** form e.g. llegué – I arrived.

Two of the most common irregular verbs (**ir** and hacer) in the **yo** form are fui – I went and hice – I did. For more information see the verb tables on pages 236–239.

WRITING

Escribe una lista de diez instrucciones para un turista que quiere viajar en transporte público en tu barrio (utiliza el imperativo).

READING

Translate the following into English:
1. Me gustaría dos billetes de primera clase.
2. Lo siento, pero no hay asientos disponibles.
3. Ayer dos coches colisionaron en la autopista.
4. Prefiero viajar en avión porque se puede ir de compras en el aeropuerto.
5. En el pasado utilizaba el transporte público frecuentemente.

2B TRAVEL AND TRANSPORT VOCABULARY GLOSSARY

el andén	platform
el AVE	Spanish high speed train
el billete	ticket
el billete de ida y vuelta	return ticket
(el billete) solo de ida	single
el cambio	change (money)
la consigna	left luggage office
el destino	destination, direction
la dirección	direction
la estación de metro	underground station
el horario	timetable
la información	information
la llegada	arrival
la máquina expendedora de billetes	ticket machine
el metro	underground
la moneda	coin
RENFE	Spanish Rail
la reserva	reservation
la salida	departure
la tarifa	fare
la tarjeta /el abono	season ticket
la terminal	main station
el tranvía	tram
el tren	train
el tren de cercanías	suburban train
el tren interurbano	intercity train
el tren rápido	express train
la vía	track, platform
el accidente	accident
la aduana	customs
el aeropuerto	airport
la agencia de viajes	travel agents
el/la agente de aduanas	customs officer

el aparcamiento	car park
el atasco	traffic jam
el autobús/autocar	coach
la autopista	motorway
la avería	breakdown
el avión	aeroplane
el barco	ship
el camión	lorry
el coche	car
el coche-cama	sleeping car
el cruce	crossing
el crucero	cruise
el descuento	reduction, reduced rate
el despegue	take off, departure
el destino	destination
el desvío/la desviación	diversion
el embotellamiento	traffic jam, blockage
la entrada	entrance (motorway)
la estación de servicio	service station
el ferry	ferry
el freno de emergencia	emergency brake
la frontera	border, frontier
la gasolina	petrol
la gasolinera	petrol station
el kilómetro	kilometre
la llamada de emergencia	emergency call
la llave	key
el maletero	car boot
el mapa	map
la matrícula	registration plate
la multa	parking ticket
el neumático	tyre
la oficina de objetos perdidos	lost property office
la parada	stop
el parquímetro	parking meter
el pasaje	fare
el/la pasajero/a	passenger
el pasaporte	passport
el paseo	**outing, excursion, walk**
el precio	**price**

(tener) preferencia	(to have) right of way
el puerto	port, harbour
el retraso	delay
el revisor	ticket collector
la sala de espera	waiting room
la salida	exit, departure
la salida de emergencia	emergency exit
la salida/entrada de la autopista	motorway junction
el semáforo	traffic lights
la señal	sign
sin plomo	lead free
la tarjeta de crédito	credit card
el transbordador/ el ferry	ferry
el transporte público	public transport
el tunel	tunnel
el viaje	journey, drive
el viaje de ida y vuelta	round trip
el/a viajero/a	traveller
la visita	visit
el volante	steering wheel
el vuelo	flight
la zona para fumadores	smoking (area)
abrir	to open
aparcar	to park
aterrizar	to land
ir en bicicleta de montaña	to ride a mountain bike
cambiar (de tren)/hacer transbordo	to change (trains)
chocar	to crash, collide
declarar	to declare (customs)
despegar	to take off
detenerse	to stop
durar	to last
entregar	to hand in
esperar	to wait
frenar	to brake
hacer cola	to queue
introducir	to insert (e.g. coin)
irse (de viaje)	to go away (on a journey)
llegar	to arrive
llenar el depósito	to fill up with petrol

pagar	to pay
parar	to stop, hold
reparar	to repair
reservar/hacer una reserva	to reserve/make a reservation/book
salir	to set off, drive away
señalar	to signal
viajar	to travel
visitar	to visit
volar	to fly
a tiempo	on time
abordo	on board
barato/a	cheap
caro/a	expensive
cómodo/a	comfortable
eficaz	efficient
gratuito/a	free (no cost)
incómodo/a	uncomfortable
lento/a	slow
por/a través de	via
puntual	punctual
rápido/a	fast

2A LOCAL AREAS OF INTEREST
2B TRAVEL AND TRANSPORT
GRAMMAR IN CONTEXT

1. IMPERFECT TENSE
Copy and complete the paragraph with the correct form of the imperfect tense.

Cuando _____ (yo, ser) más joven, _____ (nosotros, vivir) en una casa grande. Yo _____ (estar) contento porque la casa _____ (tener) un jardín enorme. Todos los días mis hermanos _____ (jugar) en el jardín.

> To form the **imperfect tense**, see the information on page 225 and the verb tables on pages 232–239.

2. IMPERATIVES
Write the following commands in Spanish using the verbs in brackets:

1. Cross the road (cruzar)
2. Take the first on the right (tomar)
3. Go to the museum (ir)
4. Buy a ticket (comprar)
5. Write your name (escribir)

> **Imperatives** give commands and instructions. See page 228 for more information.

3. ADJECTIVES, COMPARATIVES AND SUPERLATIVES
Translate the following sentences into Spanish.

1. My village is the least interesting in the area.
2. Trains are cheaper than buses.
3. The AVE train is the fastest in Spain.
4. The monuments are interesting but the entry tickets are expensive.
5. The museum is better than the castle.

> Remember to make **adjectives** agree. For more information on **comparatives** and **superlatives**, see pages 204–205.

4. REGULAR VERBS IN THE PRETERITE
Copy and complete the sentences using the correct Spanish verb in the preterite.

1. La semana pasada nosotros _____ (visitar) los monumentos.
2. Ayer _____ (yo, viajar) al colegio en coche.
3. Mis padres _____ (comprar) un billete.
4. Ayer _____ (yo, salir) con mis amigos.
5. ¿Cómo _____ (tú, viajar) de vacaciones el año pasado?

> To find the **preterite** endings for regular **ar**, **ir** and **er** verbs, look at the regular verb tables on page 223. The patterns are always the same.

5. IRREGULAR VERBS IN THE PRETERITE

Copy and complete the sentences using the correct Spanish verb in the preterite.

1. El fin de semana pasado _____ (yo, ir) al museo.
2. Ayer _____ (nosotros, hacer) muchas cosas interesantes.
3. Ellos _____ (ver) muchos monumentos.
4. Mis padres _____ (tener) un viaje muy largo.
5. Mi abuelo _____ (decir) que el pueblo era muy diferente en el pasado.
6. Muchos turistas _____ (venir) a mi pueblo el verano pasado.

To find the **preterite** endings for **irregular verbs**, look at the irregular verb tables on pages 236–239. Remember that some verbs have an irregular yo form only.

6. PRETERITE OR IMPERFECT?

Choose the correct verb each time. Can you explain your choice?

1. Ayer por la tarde **fui/iba** al banco.
2. Cuando **fue/era** más joven siempre **viajé/viajaba** al colegio a pie.
3. **Esperé/Esperaba** al autobús cuando **llegó/legaba** mi madre.
4. Antes mi barrio **tuvo/tenía** más espacios verdes..
5. Mi padre me **llevó/llevaba** a la escuela primaria en coche todos los días.

Remember to use the **imperfect tense** to describe regular actions in the past or things you used to do, whereas the **preterite** is used for completed actions in the past at a fixed time.

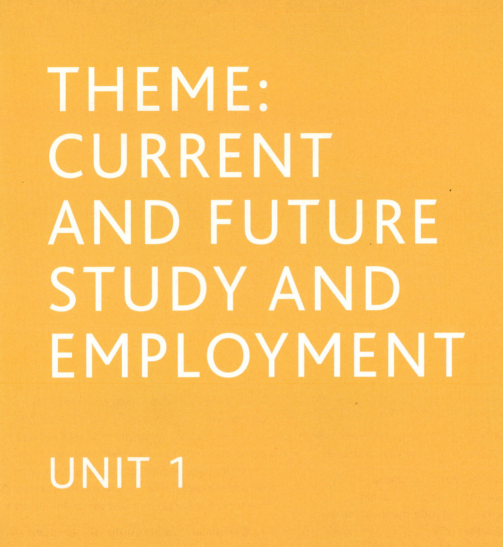

THEME: CURRENT AND FUTURE STUDY AND EMPLOYMENT

UNIT 1

CURRENT STUDY

3A SCHOOL/COLLEGE LIFE (1)

 READING

En España existen dos tipos de horarios escolares: la jornada tradicional y la jornada continuada.

Jornada tradicional
9.30–13.00	Clases
13.00–15.00	Comedor
15.00–16.30	Clases
16.30–18.30	Actividades extraescolares

Jornada continuada
8.30–11.45	Clases
11.45–12.15	Recreo
12.15–14.00	Clases
14.00	Volver a casa

Lee los horarios y decide si las frases corresponden a **la jornada tradicional** o **la jornada continuada**.

1. No tenemos recreo por la mañana.
2. Me gusta volver a casa para la comida.
3. Paso dos horas en el patio charlando con mis amigos durante el día.
4. Si voy a un club, vuelvo muy tarde a casa.
5. Las clases comienzan más temprano por la mañana.
6. No me gusta la mañana porque tenemos más de tres horas de clases.
7. Mi colegio no ofrece ningún tipo de club después de las clases.
8. Me gusta tener la tarde libre cada día.

 READING

Read this extract which has been adapted from the novel *Colegio Maldito* by Gabriel Korenfeld. Answer the questions in English.

En general, en cualquier colegio, cuando el profesor le quita un objeto a un alumno por no prestar atención a la clase, se lo devuelve al tocar el timbre del recreo. En el colegio de Hernán, las reglas eran diferentes, existía una ley que decía que todos los objetos quitados por los profesores en horario de clase debían ser depositados en el cuarto '15/60'. Este cuarto estaba ubicado en la planta baja, junto a la sala de profesores.

Los profesores estaban obligados a pasar los objetos al director y, al final del día, el director los llevaba al cuarto de donde nunca saldrán. Algunos decían que el cuarto estaba vacío y que el director se llevaba los juguetes a su casa. En cambio, los amantes del misterio decían si un alumno entraba en el cuarto, quedaría atrapado allí para siempre con los juguetes.

1. Why would a teacher usually take something away from a pupil?
2. When would the pupil usually expect to get it back?
3. What is different about Hernán's school?
4. Where is room '15/60'?
5. What happens if a teacher confiscates something from a pupil?
6. There are two rumours about room '15/60'. What are they?

 EXTRA

Find the Spanish for:
- in general
- on the other hand
- forever

LISTENING

Listen to Anso – what is he discussing? Choose the six correct sentences.
1. He thinks there is a good variety of activities available.
2. He doesn't think he's very lucky.
3. There is a chess club after school.
4. There is an IT club at lunchtime.
5. He really enjoys the IT club.
6. There is a drama club after school.
7. He doesn't play any instruments.
8. The orchestra meet every Thursday.
9. He has been in the choir for three years.
10. He goes to the photography club every week.
11. Last month he went on a trip with the photography club.
12. He used to play basketball.

SPEAKING

Photo card
- Describe la foto/¿De qué trata esta foto?
- ¿Te gusta tu colegio? ¿Por qué (no)?
- Creo que las normas son muy estrictas. ¿Estás de acuerdo?
- ¿Qué actividades hiciste en tu colegio ayer?
- ¿Cómo sería tu colegio ideal?

GRAMMAR

To talk about your ideal school, you need to use the **conditional**. Use **sería** or **estaría** to say what it would be like and **tendría** to say what it would have been like or **habría** to say what there would be.

Escribe al menos una frase para cada tema:
- El horario
- Las normas
- Las instalaciones
- Las actividades extraescolares
- Los profesores
- Tu opinión de tu colegio

WRITING

You can use these time phrases to talk about **how often** you do something e.g. an after-school club or activity:

- a veces/de vez en cuando – sometimes
- frecuentemente/a menudo – often
- siempre – always
- raramente/rara vez – rarely
- cada jueves – every Thursday
- cada semana – every week
- después del colegio/de las clases – after school

To talk about **when** you do something, be aware of time phrases in the past, present and future:

- hoy – today
- ahora – now
- mañana – tomorrow
- mañana por la mañana/tarde/noche – tomorrow morning/afternoon/evening
- la semana que viene – next week
- ayer – yesterday
- ayer por la manana/tarde/noche – yesterday morning/afternoon/evening
- la semana pasada – last week
- el viernes pasado – last Friday

GRAMMAR

We use the **conditional** to say what we *would* do or to describe what things *would* be like (e.g. your ideal school).

The easiest way to use the conditional is **me gustaría** e.g. **me gustaría** llevar vaqueros al colegio (I would like to wear jeans to school) or **me encantaría** e.g. **me encantaría** estudiar al extranjero (I would love to study abroad). You can also use **preferiría** e.g. **preferiría** ir a un colegio más grande (I would prefer to go to a bigger school).

3A SCHOOL/COLLEGE LIFE (2)

Read the ten rules from a Spanish school. What are they saying? Match 1–10 to a–j.

1. Todos los alumnos deben asistir diariamente a clase.
2. La puntualidad es esencial.
3. Es necesario mantener limpios y ordenadas las aulas, los pasillos, las escaleras, los patios etc.
4. No se tolera la discriminación ni la falta de respeto.
5. Está totalmente prohibido salir del colegio durante el horario escolar.
6. Se debe entrar y salir de clase de forma ordenada.
7. No está permitido fumar en el colegio.
8. No se debe traer el teléfono móvil ni otros dispositivos electrónicos.
9. Hay que venir correctamente uniformado.
10. Los alumnos tienen que traer la agenda escolar y los materiales necesarios para el trabajo escolar.

a. You need to be on time.
b. Smoking is not allowed.
c. You need to wear the right uniform.
d. Attendance is compulsory.
e. You can't leave school during the day.
f. Behave properly on your way in and out of the classroom.
g. You need to take all the right stuff with you.
h. No mobiles or other electronic devices.
i. Don't make a mess.
j. Treat others with respect.

Translate the paragraph into English:
En mi colegio las clases empiezan muy temprano pero lo malo es que llevamos uniforme. Lo que más me gusta de mi colegio es que tiene piscina. Durante el recreo hablo con mis amigos pero a veces voy a la biblioteca para hacer mis deberes. Mi colegio ideal sería grande y moderno.

Por and **para** both mean **for** but they are not interchangeable. See page 211 for the differences between them.

Lee los comentarios en un chatroom. Elige la respuesta correcta.

En mi colegio me discriminan por tener el pelo largo, ¿por qué me discriminan por mi aspecto? Algunas de las reglas son estúpidas. ¿Por qué no dejan a los chicos traer el pelo largo ni pendientes, ya que no causan ningún problema? ¿Por qué hay reglas diferentes para los chicos y las chicas? **Mal99**

Mi repuesta: ¡¡cierto!! ¡Mi cole es igual! En el mío el pelo de los chicos debe ser corto, sin colores ni mechas, pero las chicas pueden peinarse como quieren – las normas deberían ser iguales para todos. Justamente ayer a un compañero de clase, le mandaron a cortarse el pelo … es una violación contra nuestros derechos! **Azr776**

Mal99 …
1. Tiene el pelo **largo/corto/teñido**.
2. Cree que las reglas son **importantes/tontas/buenas**.
3. Los chicos no pueden llevar **joyas/relojes/gorros**.

Azr776 …
1. Dice que su colegio es **similar/diferente/moderno**.
2. Los chicos tienen que tener el pelo **largo/teñido/corto**.
3. Ayer uno de mis amigos tuvo que **ir a la sala de profesores/ir a la peluquería/ir a la oficina del director**.

- Translate Mal99's three questions into English.
- Find out how to say 'The rules should be the same for everyone'.

LISTENING

Listen to this speech from a head teacher on the first assembly of term. Answer the questions that follow.

Section 1
1. What is the subject of his speech?

Section 2
2. Which of the following does he mention? Choose the correct six.
   a. Writing to parents
   b. Litter picking
   c. Detention
   d. Cleaning classrooms
   e. No break
   f. Banned from sport
   g. Paying for repairs
   h. Confiscating mobile phones
   i. Extra school work
   j. Lines

Section 3
3. Why might a pupil be excluded from class?

SPEAKING

Role play
- Give two details about your school
- Say what you think about your school and why
- Say what you did at breaktime yesterday
- Ask your friend a question about their school day
- Say what you will do after school today
- Ask your friend if they have a uniform

WRITING

Escribe un comentario para un chatroom sobre tu colegio. Puedes dar más información pero tienes que incluir:
- Una respuesta a los comentarios de Mal99/Azr776
- Tu opinión sobre las normas en tu colegio

To say what you **have to** do you can use the structure **tener que + infinitive** e.g. **tengo que** estudiar diez asignaturas (I have to study ten subjects).

GRAMMAR

There are lots of **reflexive phrases** you can use to talk about school rules:

- **se debe + infinitive** (you must) e.g. **se debe** llevar uniforme (you must wear uniform)
- **se tiene que + infinitive** (you have to) e.g. **se tiene que** respetar a los demás (you have to respect others)
- **se necesita + infinitive** (you need to) e.g. **se necesita** comportarse bien (you need to behave well)
- **(no) se permite + infinitive** (it's (not) allowed) e.g. **no se permite** llevar maquillaje (make-up is not allowed)

Note: If you want to say **should** then you will need to use **se debe** in the **conditional**:

- **se debería + infinitive** (you should) e.g. **se debería** estudiar muy duro (you should study very hard)

GRAMMAR

Other expressions for talking about school rules include:

- **es necesario + infinitive** (it's necessary) e.g. **es necesario** hacer los deberes (doing homework is necessary)
- **no está permitido/está prohibido + infinitive** (it's not allowed) e.g. **no está permitido** llevar joyas (wearing jewellery is not allowed)
- **hay que + verb** (you have to) e.g. **hay que** trabajar duro (you have to work hard)

3A SCHOOL/COLLEGE LIFE (3)

READING

Read the information about the school system in Spain.

La enseñanza en España es obligatoria entre las edades de seis y dieciséis años.

La Educación Secundaria Obligatoria (ESO) generalmente dura de los 12 a los 16 años de edad.

Después de la ESO, el estudiante opta entre ir al Instituto (bachillerato) o pasar a una escuela de formación profesional (FP).

El bachillerato no forma parte de la enseñanza obligatoria, consiste en un ciclo de dos cursos académicos para estudiantes de 16–18.

Sólo aquellos que terminan el bachillerato pueden acceder a una universidad.

Give the following details in English.

1. The age Spanish pupils have to start school.
2. The ages for compulsory secondary education.
3. The ages of *bachillerato* students.
4. Your two choices after you finish your compulsory education.
5. What do you need the *bachillerato* for?

EXTRA

Find two ways of saying 'education'.

READING

Read this interview with a newly qualified Spanish teacher.

¿Por qué elegiste ser profesora?
Desde pequeña me gustó la idea de ser profesora, influyó en mi decisión una profesora que tuve cuando era pequeña. ¡Pero también me gustaba dar clase a mis muñecos!

¿Qué es lo mejor y lo peor de esta profesión?
Lo más difícil es conseguir que los alumnos te presten atención y conseguir que les guste la asignatura. <u>No es fácil enseñar a alumnos que no quieren trabajar, sobre todo en la ESO, en bachillerato suele ser diferente</u>. Lo mejor es que me encanta enseñar a los alumnos y estar con ellos. Además, ver la evolución de los alumnos es muy gratificante.

Write down the following information in English.

1. Why she wanted to be a teacher
2. The best things about her job
3. The worst things about her job

EXTRA

Using what you have learned about Spanish education on this page, can you explain what she means by the underlined sentence? Why do you think teaching *bachillerato* students is different from teaching ESO students?

SPEAKING

Conversation
- ¿Qué piensas de tu colegio? ¿Por qué?
- ¿Qué actividades extraescolares se puede hacer en tu instituto?
- ¿Qué hiciste en el colegio la semana pasada?
- ¿Estás a favor del uniforme escolar? ¿Por qué (no)?
- ¿Qué vas a hacer en el colegio mañana?
- ¿Cuáles son las ventajas y desventajas del sistema escolar en el Reino Unido?

- We've already seen **se debe** and other phrases for what you must/have to do. If you want to talk about things you **can** do at your school (e.g. extra-curricular clubs) remember to use **se puede** e.g. **se puede ir al coro** (you can go to the choir).
- Don't forget that you can also use **hay** to say what there is in your school e.g. **en mi colegio hay muchas actividades extraescolares** (in my school there are lots of extra-curricular activities) and you can use the verb **tener** to say what it has e.g. **mi colegio tiene una piscina** (my school has a swimming pool).
- Another great verb is **ofrecer** e.g. **mi colegio ofrece muchos clubes** (my school **offers** many clubs).
- Rather than always using **tener** you can vary your Spanish by using **disponer de** and **contar con** to say what your school has available e.g. **mi colegio dispone de/cuenta con muchas instalaciones** (my school has many facilities).

WRITING

Translate the sentences into Spanish:
1. Every lesson is 50 minutes long.
2. The school day in England begins later than in Spain.
3. Mobile phones are banned in school.
4. In my opinion school uniform is less comfortable.
5. I did two hours' homework yesterday night.

GRAMMAR

You already know how useful the word **lo** is in Spanish. In this listening task, it is used to say **lo mejor** (the best thing) and **lo peor** (the worst thing).

GRAMMAR

Try to add detail to your Spanish by including **quantifiers** and **intensifiers** – for example:
- bastante – enough
- demasiado – too (much)
- un poco – a little
- mucho – a lot
- muy – very

e.g. mi colegio es **un poco** antiguo (my school is a bit old), los profesores son **demasiado** estrictos (the teachers are too strict).

Note: You have to be careful with **demasiado** as it can be an adjective as well as an adverb! This means that sometimes it has to agree.

For example, los deberes son **demasiado** difíciles (homework is too hard) – **demasiado** is describing **difícil** (which means it's an adverb) and doesn't change.

BUT in tenemos **demasiados** deberes (we have too much homework), **demasiado** is describing **los deberes** (which means it's an adjective) so it has to agree.

For more information on adverbs and adjectives see pages 204–207.

LISTENING

Escucha esta entrevista con un experto en enseñanza. Decide si las frases 1-8 corresponden al sistema educativo *español* o *británico*.

1. El sistema educativo es más práctico.
2. El sistema de enseñanza está más adaptado al mercado de trabajo.
3. Hay más laboratorios en los colegios.
4. Las prácticas científicas no son obligatorias.
5. El 6% de los estudiantes estudia ciencias en la universidad.
6. El 11% de los estudiantes estudia ciencias en la universidad.
7. 18% de los jóvenes termina sus estudios a los 16 años.
8. 23% de los jóvenes termina sus estudios a los 16 años.

3A SCHOOL/COLLEGE LIFE VOCABULARY GLOSSARY

el acoso escolar	bullying
las actividades extraescolares	extra-curricular activities
el/la amigo/a por correspondencia	penfriend
la asamblea	assembly
la asignatura obligatoria	compulsory subject
el ataque físico	physical attack
el aula (fem.)	classroom
el aula de informática (fem.)	ICT room
el bachillerato	sixth form/A levels
la bilbioteca	library
el castigo	punishment
la clase	class
el comedor (escolar)	school canteen
el/la compañero/a (de clase)	colleague, classmate
la conferencia	conference, talk, lecture
el/la conserje	caretaker
el coro	choir
el curso	course
el departamento	(subject) department
el/la director/a	head teacher
la educación/la enseñanza	education
la (escuela) primaria	primary school
la (escuela) secundaria	comprehensive school
el/la estudiante	student
la excursión	class trip
el fin/el final	end
la formación	training
el gimnasio	gymnasium
el horario	timetable
el informe escolar	school report
la inscripción	registration
el instituto	secondary/high school
el intercambio	exchange
el internado	boarding school
el laboratorio	laboratory
la mochila	school bag, rucksack

el pasillo	corridor
el patio (de recreo)	playground
la pizarra electrónica	electronic whiteboard
la presión del grupo	peer pressure
el/la profesor/a	teacher
el profesorado	the teaching staff
la prueba	test
el recreo	breaktime
las reglas/las normas	rules
la reunión	meeting, conference
la sala/el salón de actos	assembly hall
el uniforme	school uniform
las vacaciones escolares	school holidays
castigar	to punish
contestar	to answer
copiar	to copy
corregir	to correct, mark
decir	to say, tell
dibujar	to draw
durar	to last
educar	to educate, instruct
empezar	to start, begin
enseñar	to teach, show
entender	to understand
escoger/elegir	to choose
escribir	to write
escuchar	to listen
estar castigado/a	to be kept in
estudiar	to study
hacer novillos	to skip a class
intimidar	to intimidate, bully
matricularse	to register
mirar	to look at
partir	to set off, leave
pensar	to think
pintar	to paint
practicar	to practise
preguntar	to ask (questions)
resolver	to solve
salir	to leave
terminar	to finish, end

3B SCHOOL/COLLEGE STUDIES (1)

READING

Lee la información sobre los libros de texto. Elige la letra correcta.

1. El contenido de este libro proporciona unos conocimientos teóricos básicos sobre la Tierra como planeta y la Climatología.
2. Este libro ofrece técnicas, estrategias y recomendaciones para aprender un idioma extranjero.
3. Una obra basada en las más recientes investigaciones sobre la Segunda Guerra Mundial.
4. Guía práctica para llegar a convertirse en un ilustrador de primera categoría.
5. El libro del alumno contiene un gran número de actividades teóricas y prácticas científicas.
6. Este libro de texto explica los aspectos relacionados con los sistemas informáticos y cómo instalar y configurar un sistema operativo.

a.   d.   g.

b.   e.   h.

c.   f.

LISTENING

Listen to Marisol talking about her primary and secondary school studies. Write down at least one detail for each point.

	Primary school	Secondary school
1. Teachers		
2. Work		
3. Homework/exams		
4. Subjects		

WRITING

Escribe un artículo para el sitio web de tu colegio. Da información, ejemplos y *justifica* tus opiniones sobre:
- Tu escuela primaria
- Tus estudios actuales
- Lo que vas a estudiar/estudiarás el año que viene

EXTRA

La importancia de estudiar idiomas

Try to extend your answers by including some of these phrases:

- creo que/pienso que/me parece que – I think that
- en mi opinión – in my opinion
- estoy a favor/en contra (de) – I am for/against
- además – furthermore
- sin embargo – nevertheless
- por otro lado – on the other hand

SPEAKING

Role play
- Say what subjects you study
- Ask your friend what their favourite subject is
- Say who your favourite teacher is and why
- Say what you would like to learn in the future
- Say what homework you did yesterday
- Ask your friend if they have lots of exams

READING

Read the following article. What does the title mean? Answer the questions in English.

¿Por qué debes aprender un nuevo idioma?
En un mundo global es cada vez más importante aprender más de un idioma. Te ayudará a mejorar tu carrera profesional pero también a hablar con personas de otros países y disfrutar más tus viajes … Además, según algunos estudios, la gente bilingüe es más feliz y más rica …

1. Te volverás más independiente y ganarás confianza.
2. Mejorará tu memoria.
3. Podrás hacer nuevos amigos más fácilmente.
4. Tendrás más posibilidades de conseguir un trabajo en el extranjero.
5. Una vez que aprendes una segunda lengua te será más fácil aprender otras.

GRAMMAR

The **future tense** is used throughout this article. It's really important to be able to recognise when it's used and understand what it means. Try to learn some key verbs that you can use in your spoken and written Spanish e.g. iré (I will go), haré (I will do), estudiaré (I will study).

Don't forget to use the **immediate future** too, which is formed with **ir a + infinitive** e.g. voy a ir (I'm going to go), voy a hacer (I'm going to do), voy a estudiar (I'm going to study).

GRAMMAR

An excellent structure to include in your work is a **si** sentence which uses the present and future tenses e.g. si aprendo un idioma, trabajaré en el extranjero (if I learn a language, I will work abroad), si trabajo duro, aprobaré mis exámenes (if I work hard, I will pass my exams).

El aprendizaje de una segunda lengua (y en algunos casos de una tercera), no es una pérdida de tiempo porque enriquece la vida social, profesional y cultural del individuo. Finalmente, aprender otro idioma ayuda a las personas a entender que el mundo no es todo igual y que existen diversidades culturales y las prepara para el futuro.

1. Write down two reasons for learning more than one language according to the first paragraph.
2. What does the article claim about bilingual people?
3. Translate statements 1–4.
4. Once you've learned one language, what becomes easier?
5. According to the last paragraph why isn't learning a language a waste of time?
6. What is the final benefit of learning a language that is mentioned?

GRAMMAR

You have to be able to talk and write about school in the past, present and future. Extend your answers by using the imperfect and conditional too.

Here are some key verbs to help you:

	Imperfect	Preterite	Present	Immediate future	Future	Conditional
ir (to go)	iba	fui	voy	voy a ir	iré	iría
hacer (to make/do)	hacía	hice	hago	voy a hacer	haré	haría
tener (to have)	tenía	tuve	tengo	voy a tener	tendré	tendría
estudiar (to study)	estudiaba	estudié	estudio	voy a estudiar	estudiaré	estudiaría

3B SCHOOL/COLLEGE STUDIES (2)

READING

Read this extract from the novel *Me, Myself and I* by Eliezar Magaña. Answer the questions in English.

Nuestra primera clase <u>es</u> matemáticas, materia que los tres <u>odiamos</u>. En gran parte por el odioso Sr. Henderson. <u>Tomamos</u> nuestros asientos justo antes de la llegada del maestro. <u>Abro</u> mi mochila y <u>saco</u> mi cuaderno.

Después de dos aburridas y tediosas horas de clase al fin <u>salimos</u> del aula. Nuestra siguiente materia <u>es</u> filosofía, aburrida. Pero al menos nuestra maestra, la Sra. Dalton, no <u>es</u> tan mala. Siempre <u>intenta</u> llamar nuestra atención con alguna broma a media clase.

1. What is their first lesson?
2. How do you know they are nearly late for the lesson?
3. What do they think of this lesson? Give **two** details.
4. How long does the lesson last?
5. What is their next lesson?
6. Give **one** detail about the teacher.

READING

Lee lo que dicen estos jóvenes sobre sus asignaturas preferidas.

Nico: Me fascina el trabajo del gobierno.

Blanca: Lo que me gusta es trabajar en el laboratorio.

Alejandro: Preferiría aprender más sobre el siglo 19.

Lisa: Paso mis fines de semana en las galerías de arte.

Luis: Mi actividad preferida es leer.

Mustafá: No soy una persona muy creativa y prefiero la lógica.

Ari: Pintar es lo que prefiero hacer en clase.

David: Creo que tengo buena imaginación y me encanta escribir ensayos.

Fede: Me encanta debatir los problemas mundiales en clase.

¿Qué bachillerato deberían elegir?

- OPCIÓN: HUMANIDADES
  Perfil del estudiante: alumnos imaginativos con gusto por la lectura, la literatura y la historia.
- OPCIÓN: CIENCIAS SOCIALES
  Perfil del estudiante: alumnos con gusto por los temas sociales económicos y políticos. Son comunicativos y persuasivos.
- OPCIÓN: CIENCIA Y TECNOLOGÍA
  Perfil del estudiante: alumnos con gustos por matemáticas, física, informática o tecnología. Les gusta analizar y experimentar.
- OPCIÓN: ARTES
  Perfil del estudiante: les gustan la pintura, la escultura, el diseño y en general todo lo relacionado con las artes. Tienen mucha capacidad artística y creativa.

GRAMMAR

This text is written in the **present tense**. Can you translate all of the underlined verbs into English? It's really important to keep revising regular, irregular and radical-changing verbs in the present tense.

- Remember to use the correct verb ending – this tells us who the sentence is about. You need to know the **yo** form to talk about yourself, but you need to be able to use other verb forms as well so that you can talk about other people.
- Try to add more detail by including time expressions where possible e.g. siempre (always), a veces/de vez en cuando (sometimes), nunca (never), normalmente (usually) etc.

See page 221 to revise the present tense.

EXTRA

Answer the following questions orally or in writing: ¿Cuál es tu asignatura preferida? ¿Qué bachillerato deberías elegir?

CURRENT STUDY | 65

READING

Translate the following paragraph into English:
Este año voy a terminar la ESO y ahora tengo un gran problema: no sé qué bachillerato quiero hacer. Por una parte, me gustaría hacer algo relacionado con los idiomas pero al mismo tiempo no sé si debería elegir ciencia y tecnología. Es muy importante sacar buenas notas hoy en día. ¿Qué piensas?

WRITING

Translate the following sentences into Spanish:
1. I am very anxious because I have a lot of homework.
2. My primary school was less strict than my secondary school.
3. My sister is creative and her favourite subject is literature.
4. I love science and maths because I prefer to analyse and experiment.
5. I'm not a very hardworking person and I don't get very good grades.

GRAMMAR

The **conditional tense** is used to express **would**, but remember that the conditional of **deber** means **should**.

Remember to link your sentences:
- y – and
- pero – but
- o – or
- porque – because
- cuando – when
- como – as

SPEAKING

Conversation
- ¿Qué asignaturas estudias en el colegio?
- ¿Cómo son tus profesores?
- ¿Crees que los deberes son muy difíciles? ¿Por qué (no)?
- ¿Qué tipo de trabajo hiciste anoche?
- ¿Qué te gustaría hacer el próximo año? ¿Por qué?
- ¿Crees que los jóvenes tienen demasiados exámenes? ¿Por qué (no)?

LISTENING

Listen to Ferdi, Ana and Nicolás talking about school subjects. For each person give the following information:
- A subject they like
- A subject they dislike

EXTRA

Give reasons and any other details mentioned.

3B SCHOOL/COLLEGE STUDIES (3)

READING

Read these young people's problems about stress at school. Match up their statements to the English.

Paz: Me preocupan mucho las exigencias de mis padres y los fracasos académicos.

Joel: A veces tengo pensamientos negativos sobre mí mismo.

Amelia: Tengo problemas con mis compañeros del instituto y sufro acoso escolar de vez en cuando.

Roberto: Vivo en un barrio bastante problemático.

Diego: Acabo de cambiar de centro escolar.

Eric: Hago demasiadas actividades y casi nunca tengo tiempo libre.

Isa: Después de la separación de mis padres tenemos dificultades económicas.

Paco: Creo que tengo fobia escolar porque tengo miedo de ir al instituto.

Who is talking about …?

a. Low self-esteem
b. Doing too many activities
c. Being scared of going to school
d. Bullying or friendship problems
e. Moving house or school
f. Home life problems
g. Academic pressures and failures
h. Living in a problematic area

Here are some useful verbs and phrases for talking about problems:

- **Me preocupa(n)** – I'm worried about e.g. **me preocupan mis estudios** (I'm worried about my studies)
- **Sufro …** – I suffer …
- **Tengo miedo** – I'm scared
- **Me siento/estoy** – I feel/I am …

- **estresado/a** – stressed
- **agobiado/a** – overwhelmed
- **ansioso/a** – anxious

Use the structure **acabar de + infinitive** to say what you **have just done** e.g. **acabo de terminar mis deberes** (I have just finished my homework).

READING

Read this article about stress at school. Answer the questions in English.

El Estrés Académico

El estrés es parte de la vida de un estudiante. De hecho, cualquier estudiante que se preocupa por los exámenes sufre de algún tipo de estrés académico. Las razones que causan el estrés incluyen:

- Falta de organización
- La presión de los exámenes
- La competitividad con otros compañeros
- Falta de tiempo libre por tener demasiadas actividades

Aquí tienes algunas técnicas que puedes usar. ¡Toma nota!

#1 Planifica tu rutina de estudio y prepárate bien para los exámenes
#2 Haz ejercicio moderado
#3 Duerme lo suficiente

GRAMMAR

In Spanish both **pedir** and **preguntar** mean **to ask** but they are NOT interchangeable. **Pedir** is usually used to ask **for** or to request something e.g. **pedir** ayuda (to ask for help), whereas **preguntar** is used to ask a question e.g. **preguntar** la hora (to ask the time). Remember, **una petición** means a request whereas **una pregunta** is a question.

CURRENT STUDY | 67

#4 Di no a la distracciones (evita malgastar tiempo en las redes sociales)
#5 Pide ayuda si la necesitas – habla con un amigo, profesor o padre

1. What does the article say about stress?
2. Give **three** examples of things that may cause stress.
3. What advice is given in #1–3?
4. What are students advised to avoid in #4?
5. What does the article say in #5 about asking for help?

EXTRA

Answer the following questions orally or in writing: El artículo dice, 'El estrés es parte de la vida de un estudiante'. ¿Estás de acuerdo? ¿Por qué (no)?

Remember to link your sentences with **porque** (because) but if you want to say **because of** you will need to use **a causa de** e.g. estoy estresado a causa de mis deberes (I am stressed because of my exams).

SPEAKING

Photo card
- Describe la foto/¿De qué trata esta foto?
- ¿Tienes muchos deberes ahora? Explica tu respuesta.
- Los deberes son necesarios. ¿Estás de acuerdo? ¿Por qué (no)?
- ¿Qué trabajo escolar vas a hacer este fin de semana?
- ¿Crees que los jóvenes tienen demasiados exámenes? ¿Por qué (no)?

WRITING

Escribe un correo electrónico a tu amigo sobre tu vida escolar. Da tus opiniones sobre:
- los exámenes
- los deberes
- el estrés académico

LISTENING

Escucha este reportaje sobre los problemas escolares. ¿De qué trata el reportaje? Rellena los espacios con el número correcto.

El año pasado, más de _____ jóvenes repitieron curso, lo que supone un incremento del _____ % respecto al curso anterior. Respecto al total de alumnos, un porcentaje superior al _____% ha tenido que repetir. De esta forma se calcula que, entre los alumnos de _____ años, alrededor del _____% ha repetido, por lo menos, una vez a lo largo de su trayectoria escolar.

EXTRA

Explain what the percentages represent.

See page 213 to revise numbers.

GRAMMAR

This text uses two examples of the **perfect tense** – ha tenido and ha repetido. You use the perfect tense to say what you **have done**. It is formed with the present tense of the verb **haber** and the **past participle**. See page 227 for information on how to form the past participle.

Some common verbs in the **yo** form include he hecho (I have done), he ido (I have been), he estudiado (I have studied) and he tenido (I have had).

3B SCHOOL/COLLEGE STUDIES VOCABULARY GLOSSARY

el alemán	German
el arte dramático	drama
la asignatura	school subject
la asignatura favorita/preferida	favourite subject
la biología	biology
las ciencia(s)	science(s)
las (ciencias) empresariales	business studies
las ciencias sociales	social sciences
el curso preparatorio	foundation course
el deporte	sport
el dibujo	art
la educación física	PE
la educación religiosa	religious education
el español	Spanish
la física	physics
el francés	French
la geografía	geography
la geología	geology
la historia	history
el idioma extranjero	foreign language
la informática	ICT
el inglés	English
el latín	Latin
la lengua extranjera	foreign language
la literatura	literature
las matemáticas	maths/mathematics
la música	music
la química	chemistry
la sociología	social studies
el teatro	drama
trabajos manuales	design and technology
aburrido/a	boring
complicado/a	complicated
creativo/a	creative
difícil	difficult, hard

divertido/a	fun
espantoso/a	terrible, awful
estricto/a	strict
estupendo/a	great
fácil	easy, simple
fantástico/a	great
interesante	interesting
inútil	useless
ligero/a	easy, light
práctico/a	practical
severo/a	strict
útil	useful
aprobar	to pass (an exam)
completar (el curso)	to complete (e.g. course)
dejar (la escuela)	to leave (school)
repasar	to revise
repetir	to repeat
resolver	to solve
sacar buenas notas	to get good grades
salir	to leave
suspender	to fail
terminar (el curso)	to complete (e.g. course)
trabajar	to work
el curso	course
el curso avanzado	advanced course
los deberes	homework
el estrés de los exámenes	exam stress
el examen	exam
el fracaso escolar	failure at school
el informe escolar	school report
el nivel	level
la nota	grade
las notas	grades
la opción	option
el rendimiento	performance, achievement
el resultado	result
la tarea/el ejercicio	task, exercise
el trabajo	work
el trabajo escolar	school work
los trabajos de curso	coursework

3A SCHOOL/COLLEGE LIFE
3B SCHOOL/COLLEGE STUDIES
GRAMMAR IN CONTEXT

1. CONDITIONAL TENSE
Choose the correct verb in the conditional for each sentence.

1. En el futuro _____ estudiar el español.
2. _____ buenas notas en mis exámenes.
3. Mi profesor ideal _____ divertido.
4. Mi colegio ideal _____ instalaciones modernas.
5. _____ en la universidad.
6. Mis amigos _____ al club de baloncesto.

sería	sacaría	me gustaría
irían	tendría	aprendería

Me gustaría is probably the verb you will use most often in the conditional but it's good to be able to recognise and use other verbs too. See the verb tables on pages 232–239.

2. REFLEXIVE PHRASES
Write one sentence about your school using each of the verbs below.

1. Se debe
2. Se necesita
3. No se permite
4. Se tiene que
5. Se puede

Reflexive phrases are great structures to include, particularly in your writing. Remember that different types of writing exercises will require different styles of Spanish e.g. formal, informal, impersonal.

3. QUANTIFIERS AND INTENSIFIERS

Translate the following sentences into Spanish using quantifiers and intensifiers (muy, mucho, un poco, bastante, demasiado).

1. I am stressed because the exams are too difficult.
2. I think history is quite interesting.
3. My friends are very talkative in class.
4. Geography is a bit difficult.
5. I like my school a lot.

> **Quantifiers and intensifiers** add more detail to your sentences. See page 207 for more details.

4. NUMBERS

Complete the following sentences by writing the numbers out in full.

1. Mi colegio tiene aproximadamente _____ (750) alumnos.
2. Hay _____ (90) profesores en mi colegio.
3. La parada de autobús está a _____ (500) metros del colegio.
4. Un _____ (63) % de los alumnos han olvidado sus deberes al menos una vez.
5. Mi colegio se construyó en _____ _____ (1984).
6. La _____ (3rd) clase del día es inglés.

> Numbers are likely to come up at some point in the exam as times, dates, percentages, ages etc. You also need to learn **ordinal** numbers (e.g. first, second, third etc.) – for a full list see page 214.

5. PERFECT TENSE

Translate the following sentences in the perfect tense into English.

1. Mis amigos no han hecho sus deberes.
2. He olvidado mi cuaderno de español.
3. Hemos terminado nuestros exámenes.
4. Los profesores han dicho que tenemos que trabajar duro.
5. Mi hermano ha estudiado ciencias.

> The **perfect tense** is a useful past tense to include in your spoken and written Spanish. Past participles are often used as adjectives as well. See page 227 for details.

6. USING DIFFERENT TENSES

Copy and complete the paragraph with the correct verb from the list.

Cuando _____ pequeño _____ a una escuela primaria en mi pueblo. Los profesores _____ muy amables y _____ muy contento allí. Ahora _____ a un colegio secundario que _____ bastante lejos de mi casa. Los profesores _____ estrictos y _____ muchísimo trabajo. Ayer _____ al colegio a pie y durante el recreo _____ con mis amigos. Después de mis exámenes _____ ir de vacaciones. El año que viene _____ los idiomas y _____ muchos deberes.

tenemos	está	eran
estudiaré	iba	fui
voy	estaba	son
era	hablé	
me gustaría	tendré	

> It's essential to be able to talk and write about events in the **past**, **present** and **future**. You also need to be able to recognise the past, present and future in reading and listening tasks.

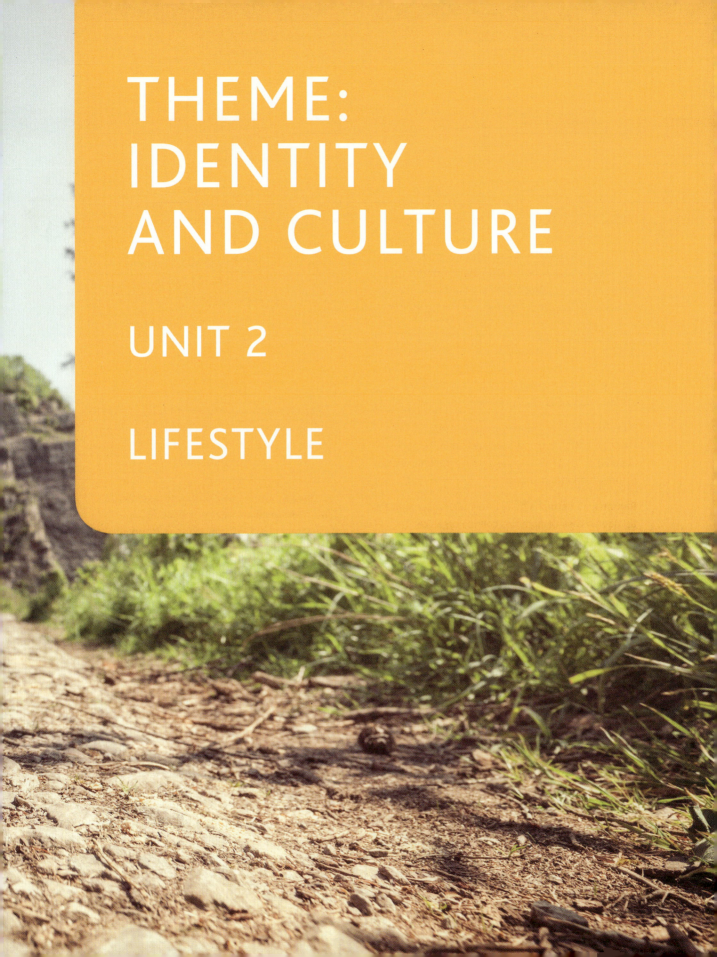

THEME: IDENTITY AND CULTURE

UNIT 2

LIFESTYLE

4A HEALTH AND FITNESS (1)

READING

Read what these four young people are saying about health. Choose the correct person for each question.

Aurelia: Tengo alergia a las nueces, me provoca dolor de cabeza y tos, se me congestiona la nariz y no puedo respirar muy bien. Siempre tengo que prestar atención en los restaurantes para evitar las nueces.

Gabriel: Todos conocemos los argumentos de que ser vegetariano es bueno para el medioambiente y los animales, pero es demasiado difícil para mí hacer el cambio. Entreno dos horas cada día en el gimnasio y necesito comer mucha proteína.

Tito: Todos los veranos tengo que tomar medicamentos contra la fiebre del heno. Tengo alergia al polen, en primavera lo paso realmente mal, estoy estornudando todo el día.

Ramona: Mi hermana tiene intolerancias alimentarias, así que en casa compramos comida orgánica. Evitamos la comida basura y la comida procesada y he adelgazado cuatro kilos – ¡sin hacer dieta!

1. Who has hay fever?
2. Who has a nut allergy?
3. Who has lost weight?
4. Who trains a lot?
5. Who doesn't like spring?
6. Who doesn't eat processed food?
7. Who has to be careful in restaurants?
8. Who doesn't want to be a vegetarian?

EXTRA

Find the Spanish for:
- I have an allergy
- a headache
- a cough
- hay fever
- to take medication
- food intolerances
- to go on a diet

Although the verb **tener** means **to have**, it can be used with lots of different expressions:

- tener frío/calor – I'm hot/cold
- tener hambre/sed – to be hungry/thirsty
- tener dolor de cabeza/estómago/espalda etc. – I have a headache/stomach ache/shoulder ache etc.

To say that something hurts use **me duele(n)**, which works in the same way as **me gusta(n)** e.g. me duelen los oídos.

GRAMMAR

You use the **gerund** in Spanish for **ing** words like eat**ing**, walk**ing** etc. It usually ends in **ando** and **iendo** and you can also use it after the verb **estar** to form the present continuous tense e.g. estoy estornudando (I am sneezing).

You can also use the gerund to give more information about what is happening e.g. paso todo el día estornudando (I spend all day sneezing) or after the verbs **seguir** and **continuar** to say what you keep on doing e.g. sigo estornudando (I keep on sneezing).

See page 221 for more information on how to form the gerund.

READING

Lee esta información sobre Ecomercado y elige las cinco frases correctas.

Ecomercado ¿Quiénes somos?
Somos una cadena de supermercados de productos naturales y orgánicos, que ofrece una variedad de productos saludables y nutritivos de la más alta calidad.

Algunas cifras

- La empresa dispone de 26 supermercados ubicados en Catalunya.
- El objetivo de la compañía: abrir entre tres y cuatro nuevos establecimientos cada año.

- Hoy, 250 trabajadores formamos el equipo de Ecomercado.

Nuestros valores

Salud: Los alimentos ecológicos son más saludables ya que no se han tratado.

Sabor: La ausencia de los elementos químicos recupera el sabor original de los alimentos.

Cuidado del medioambiente: El proceso de producción es más respetuoso con el medioambiente al no generar residuos tóxicos.

Hoy nuestro surtido incluye 4.500 productos diferentes, con certificación de producción ecológica. En Cataluña, más de 100.000 familias ya consumen habitualmente productos ecológicos.

1. Ecomercado vende alimentación vegetariana.
2. Ecomercado vende alimentos orgánicos.
3. Hay dieciséis supermercados en España.
4. La cadena tiene más de doscientos empleados.
5. Venden miles de productos ecológicos diferentes.
6. La alimentación orgánica genera residuos tóxicos.
7. Los productos ecológicos son menos saludables.
8. Los alimentos ecológicos tienen mejor sabor.
9. Más de 100.000 personas han comprado comida orgánica este año.
10. Hay veintiséis supermercados en España.

Correct the five incorrect statements.

Listen to the news report and answer the questions in English.
1. How many vegetarians are there in the world?
2. What happens every year?
3. What will happen by 2050?
4. Why?

What are the benefits of eating less meat?

You have already seen **hay** (there is/there are) and **había** (there was/there were) – remember that you can also use **habrá** (there will be) and **habría** (there would be).

Escribe al menos una frase sobre los temas siguientes:
- Lo que te gusta comer y las razones
- Lo que no te gusta comer y las razones
- Lo que comiste ayer
- Lo que vas a comer mañana

Photo card
- Describe la foto/¿De qué trata esta foto?
- ¿Te gusta la comida sana? ¿Por qué (no)?
- Creo que los jóvenes comen demasiada comida basura. ¿Estás de acuerdo?
- ¿Qué vas a hacer este fin de semana para mantenerte en forma?
- ¿Crees que los jóvenes deberían hacer más ejercicio físico?

4A HEALTH AND FITNESS (2)

READING

Lee la información sobre Samuel Sánchez y rellena los espacios con las palabras correctas.

Samuel Sánchez, ciclista del equipo Euskaltel Euskadi

'Uno es ciclista las 24 horas del día'

Como empezó mi afición: Desde _____ (1) me acostumbré a ver a mi padre montado en _____ (2) y de vez en cuando salíamos a dar alguna _____ (3).

La vida de un _____ (4): Tuve que hacer muchos _____ (5) para perseguir mi sueño. Lo más importante es la _____ (6), porque sin ella es imposible salir a entrenar.

Mi equipo: Para mí es como mi familia. Es un _____ (7) defender los colores de este equipo.

Mi _____ (8): Lo normal es estar en la bici entre tres y siete horas al día, pero uno es ciclista todo el día.

orgullo	concurso	bicicleta
sacrificios	profesional	pequeño
ciclismo	motivación	vuelta
entrenamiento	equipo	profesionales

SPEAKING

Role play
- Say what you do to keep fit
- Ask your friend what their favourite sport is
- Say what you think about fast food and why
- Say what you ate yesterday to be healthy
- Ask your friend what they normally eat for breakfast
- Say what you will do next week to keep fit

GRAMMAR

It's really important to give opinions about things in the past. The easiest way is to use **era** followed by an opinion e.g. **era** fantástico (it was fantastic). Remember to make the opinion agree if you are describing something feminine e.g. la comida **era** deliciosa (the food was delicious).

WRITING

Translate the following paragraph into Spanish:
We all know that exercise is important because it helps us to lose weight and reduces the risk of illnesses. I have lots of allergies and food intolerances and I have to avoid some types of food. I used to go to the gym every day but now I prefer to go swimming.

GRAMMAR

The verbs **saber** and **conocer** both mean **to know**. You use **saber** for knowing facts and information e.g. **sabemos** que el ejercicio es importante (we know exercise is important) but you use **conocer** for knowing people e.g. **conocemos** a muchas personas sanas (we know lots of healthy people). Remember that **conocer** needs the **personal *a*** – see page 212 for more details.

LIFESTYLE | **77**

READING

Read this extract from the novel *El Puñitos* by Josué Figueroa Palma. Answer the questions in English.

Desde pequeño, Roberto debía entender el sacrificio y el amor por un gran deporte: el boxeo. Su padre, Manuel, uno de los mejores boxeadores de su época decidió fundar su propio gimnasio. Respetado por todos, Manuel decidió ayudar a todos los jóvenes con capacidad para dar buenos golpes y sacarlos de las calles. Para Roberto, despertarse muy temprano, así como recorrer por lo menos diez kilómetros diarios ya se habían convertido en parte de una rutina desde que tenía uso de memoria. Muchos de los jóvenes del gimnasio siempre querían competir contra él, la razón era bastante simple: vencer al hijo del campeón y dueño del gimnasio. Casi siempre lograban su objetivo.

1. Give **two** details about Roberto's father, Manuel.
2. What was Roberto's usual routine?
3. Why did lots of people want to fight Roberto?
4. How do you know Roberto wasn't a very good boxer?

EXTRA

- There are three past tenses used in this text. What are they? Can you explain why they are used?
- Can you identify all of the infinitives in this text? What do they mean?

GRAMMAR

You can use **desde hace** with the present tense to say how long you **have been doing** something e.g. **juego** al tenis **desde hace** cinco años (I've been playing tennis for five years).

If you want to say how long you **had been doing** something in the past, you can use **desde hacía** with the imperfect tense e.g. **jugaba** al baloncesto **desde hacía** tres meses (I had been playing basketball for three months).

You can also use **desde** on its own to mean **since** or **from** e.g. **desde** pequeño (since I was young), **desde** 2014 (since 2014).

LISTENING

Listen to this advert. Answer the questions in English.

1. What is the advert for?
2. Write **two** things that they will do.
3. What is the price for a 30 minute session?
4. What is the price for a 60 minute session?
5. When is the special offer available?
6. What can you get for €65?

4A HEALTH AND FITNESS (3)

READING

Read the news report and give the information required in English.

Desde principios del 2015, cada semana aparece más de una sustancia nueva en el mercado.

Se han detectado más de trescientos euforizantes legales desde 1997 (llamados también drogas de diseño o sintéticas), todos ellos vendidos online, pero la progresión es exponencial, ya que el año pasado se identificaron 73 sustancias nuevas. No son aptas para el consumo humano, son peligrosos para la salud y pueden causar incluso la muerte, pero uno de cada veinte jóvenes europeos de 15 a 24 años admite haber probado las drogas sintéticas.

1. Subject of the article:
2. Number detected since 1997:
3. What happened last year:
4. Dangers/risks:
5. Number of young people that admit to having tried them:

EXTRA

Translate the introduction in bold into English.

GRAMMAR

You have already seen the **perfect tense** for talking about what you **have done** or what **has happened**. In the last sentence of this text, the infinitive **haber + past participle** is used after a verb to mean **having done** – e.g. muchos jóvenes admiten haber probado las drogas (many young people admit to having tried drugs).

READING

Translate this paragraph into English:

¿Cuál es tu meta? Todos vamos al gimnasio por alguna razón pero lo importante es identificar tus objetivos. Con nuestra ayuda, verás mejoras físicas y sentirás un cambio positivo, teniendo más energía y más motivación para hacer las cosas.

READING

Read the article and answer the questions in English.

La venta de cigarrillos electrónicos a menores de edad no está autorizada pero ¿qué está atrayendo a los estudiantes?

Un primer factor es la variedad de sabores que se ofrece – fruta, menta o chocolate y una de las supuestas ventajas de los cigarrillos electrónicos es la posibilidad de volver a fumar dentro de locales cerrados.

Charlie, fumador de cigarrillos electrónicos, comenta que empezó hace un año y medio y ahora 'No me duele el pecho, no tengo mal aliento y me siento mucho mejor – además ahorro dinero'.

Quienes promueven su consumo afirman que son una alternativa saludable para los fumadores, pero sus detractores señalan que sus efectos no están claros e incluso que un cigarrillo electrónico podría llevar a fumar uno real.

1. State **two** reasons why e-cigarettes might be appealing.
2. When did Charlie start smoking e-cigarettes?
3. How does he feel now?
4. What other benefit does he mention?
5. What are the concerns about e-cigarettes?

EXTRA

The question in bold *¿qué está atrayendo a los estudiantes?* is in the **present continuous** tense with the **gerund**. Can you translate this sentence into English? Can you make up any other sentences on this topic using the gerund or the present continuous?

Be careful: **y** (and) changes to **e** before words beginning with 'i' or 'hi'. **O** (or) changes to **u** before words beginning with 'o' or 'ho'.

SPEAKING — Conversation
- ¿Cuál es tu deporte favorito? ¿Por qué?
- ¿Llevas una vida sana? ¿Por qué (no)?
- ¿Te gusta la comida basura? ¿Por qué (no)?
- ¿Qué hiciste la semana pasada para mantenerte en forma?
- ¿Qué comida sana vas a comer mañana?
- ¿Crees que la obesidad es un problema muy serio hoy en día? ¿Por qué (no)?

LISTENING

Escucha este reportaje sobre las bebidas energéticas. Elige la respuesta correcta.

1. La popularidad de las bebidas energéticas …
   a. no ha cambiado
   b. ha reducido
   c. ha disminuido
2. Un 68% de los adolescentes consume bebidas energéticas …
   a. al menos una vez a la semana
   b. al menos una vez al mes
   c. en las fiestas
3. El porcentaje de jóvenes que consume bebidas energéticas para hacer ejercicio:
   a. 18%
   b. 41%
   c. 44%
4. El riesgo de las bebidas se debe …
   a. al azúcar
   b. al ejercicio
   c. a la cafeína
5. Se debe evitar la mezcla de bebidas energéticas con …
   a. el alcohol
   b. el ejercicio
   c. las drogas

WRITING

Escribe un artículo en español para una revista 'los jóvenes y la salud'. Da información, ejemplos y justifica tus opiniones sobre los temas siguientes:
- La importancia de comer sano
- Los aspectos positivos del deporte
- Lo que harías para mejorar tu estilo de vida

You should aim to use **connectives** in extended sentences. Some useful connectives include:

- antes/después (de) – before/after
- aunque – although
- aún (si) – even (if)
- entonces – then
- mientras – while/meanwhile
- por eso/por lo tanto – therefore
- ya que – since
- incluso – even

GRAMMAR

You've already seen **desde hace** to talk about how long you've been doing something. You can also use **hace** on its own to say **how long ago** something happened e.g. dejé de fumar **hace seis meses** (I stopped smoking six months ago).

4A HEALTH AND FITNESS VOCABULARY GLOSSARY

adelgazar	to lose weight
caer(se)	to fall
cansarse	to get tired
descansar	to rest
doler	to hurt
engordar	to put on weight
estar resfriado/a	to have a cold
hacerse un esguince	to sprain
herir	to injure
mantenerse en forma	to keep fit
morir	to die
perder peso	to lose weight
pesar	to weigh
recuperar(se)	to recover
respirar	to breathe
romper(se)	to break
sangrar	to bleed
tener calor	to be hot
tener fiebre	to have a fever/temperature
tener frío	to be cold
tener hambre	to be hungry
tener sed	to be thirsty
vacunar	to vaccinate
vomitar	to be sick

el accidente	accident
la adicción	addiction
el alcohol	alcohol
la alergia	allergy
la ambulancia	ambulance
la anorexia	anorexia
la ayuda	help, aid

la cirugía	surgery
la cita	appointment
el consultorio	clinic
la crema	cream
el/la dentista	dentist
la diarrea	diarrhoea
la dieta	diet
el dolor	pain
el dolor de cabeza	headache
el dolor de estómago	stomache ache
el dolor de garganta	sore throat
el dolor de muelas	toothache
el dolor de oídos	earache
las drogas	drugs
el e-cigarrillo	e-cigarette
el ejercicio	exercise
la fiebre	fever, temperature
la gripe	flu
la herida	injury, wound
el hospital	hospital
el medicamento	medication
la medicina	medicine
el/la médico/a	doctor
la obesidad	obesity
la operación	operation
la pastilla	tablet
la picadura	sting
la quemadura de sol	sunburn
el régimen	diet (slimming)
la salud	health
la sangre	blood
el síntoma	symptom
el tratamiento	treatment
la vacuna	vaccination
la boca	mouth
el brazo	arm
la cabeza	head

el cuello	neck, throat
el cuerpo	body
el dedo	finger
el diente	tooth
la espalda	back
el estómago/el vientre	stomach
la garganta	throat
el hombro	shoulder
la mano	hand
el oído	ear (inner)
el ojo	eye
la oreja	ear (outer)
el pie	foot
la pierna	leg
la rodilla	knee
el tobillo	ankle
cansado/a	tired
débil	weak
en forma	fit
fuerte	strong
grasiento/a	greasy
grave	serious
malsano/a	unhealthy
muerto/a	dead
nutritivo/a	nutritious
poco saludable	unhealthy
saludable	healthy
sano/a	healthy
el aeróbic	aerobics
el aire libre	outdoors
el atletismo	athletics
bailar	to dance
ir en bicicleta	to cycle
dentro/adentro	indoors
el ejercicio (hacer)	exercise
el equipo	team

escalar	to climb
ir de excursión	walk/hike
la gimnasia	gymnastics
el gimnasio	gym
ir al gimnasio	to go to the gym
el/la miembro	member
montar a caballo	to go horse riding
nadar	to swim
participar en un deporte	to take part in sport
la piscina	swimming pool
el programa de competiciones	sports programme
el/la socio/a	member

4B ENTERTAINMENT AND LEISURE (1)

READING

Read what Tara and Eli say. What are they discussing?

Tara: A veces hay contenido no apto para su edad, por ejemplo escenas de violencia. Además, los niños pueden conocer a gente indeseable. Por otro lado, promueven el trabajo en equipo, en el caso de los juegos para varios jugadores, y algunos juegos tienen valor educativo.

Eli: Usados razonablemente, los videojuegos pueden tener efectos positivos en los niños, por ejemplo desarrollan sus reflejos y agilidad mental y mejoran la coordinación manual. Sin embargo, en algunos casos el niño acaba por volverse adicto con síntomas de ansiedad y nerviosismo y dejará de relacionarse con sus amigos.

Who do you think would say the following statements? Tara or Eli?

1. They improve coordination.
2. They promote team work.
3. Sometimes they are not suitable for children.
4. They develop mental agility.
5. They can be educational.
6. They can cause nerves and anxiety.
7. Some children end up addicted.
8. Children might meet unsuitable people.
9. They can be violent.
10. They withdraw from their friends.

EXTRA

Write your own paragraph in response to what Tara and Eli say.

We can use **past participles** with the verb **haber** to form the perfect tense or with **estar** (to be) to explain a situation someone or something is in e.g. estoy cansado (I am tired). Remember that past participles usually end in **ado** or **ido** and they work like adjectives (i.e. they need to agree). See page 227 for more information.

Remember that you can use two verbs together. The first verb e.g. quiero, puedo, prefiero, debo etc. shows who is doing the action and the second verb is in the infinitive e.g.

- Los videojuegos **pueden tener** algunos efectos positivos (Videogames can have some positive effects)
- **Prefiero practicar** deporte en mi tiempo libre (I prefer to do sport in my free time)
- ¿**Quieres ir** al cine conmigo este fin de semana? (Do you want to go to the cinema with me this weekend?)

But if you use a reflexive verb in the infinitive, you need to change the pronoun at the end of the verb – e.g. debes mantenerte en forma (you need to keep fit), quiero hacerme socio de un club (I want to join a club).

READING

Read the magazine article about Gabriel Cortina's family. Answer the questions in English.

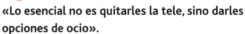

«Lo esencial no es quitarles la tele, sino darles opciones de ocio».
Gabriel Cortina lleva diez años casado y no hace mucho decidió cambiarse de casa con su mujer y sus tres hijos. En su «nueva vida», este matrimonio decidió que la televisión no formaría parte de ella. «Hemos pasado muchas horas juntos físicamente, pero pasando canales con el mando, por lo que no hablábamos, y ni siquiera nos divertía lo que veíamos», asegura Gabriel. «Ahora estamos encantados. Tenemos una tele, pero hemos desconectado la antena. Sólo los sábados, después del desayuno, dejamos que nuestros hijos de 8, 6 y 4 años negocien qué programa quieren ver».

Asegura que, además de fomentar su habilidad de negociación, sus tres pequeños dedican muchas horas a jugar juntos, a inventarse juegos … «Su creatividad ha incrementado de manera considerable y ha sido una liberación total. Ya no pasamos las horas muertas cambiando canales o con discusiones porque uno quiere ver un canal y otros uno diferente».

1. Write **two** details about Gabriel.
2. What does he say about his old viewing habits?
3. What has he done with the TV in his house?
4. When are his children allowed to watch TV?
5. What do his children do instead of watching TV?
6. Give **two** benefits that he mentions about life without a TV.

EXTRA

In this text you can see examples of the **preterite** and the **present**, **perfect** and **imperfect tenses**, as well as the **gerund**. Can you identify all the examples of these tenses in the text? What do they mean?

GRAMMAR

You have already seen **negatives** with **nadie**, **nada** and **nunca**. A negative used in this text is **ni siquiera** which means **not even**. You have also seen **ni … ni** (neither … nor) e.g. **no** me interesa **ni** el futbol **ni** el rugby.

Another important negative is **ningún (ninguno/a/os/as)** which means *no/not any/none* e.g.

- **no** tengo **ningún** problema (it does not have an **o** before a masculine noun – I don't have a problem)
- **no** hay **ningunas** actividades para los jóvenes (it has to agree with the noun – there are no activities for young people)
- **no** me gusta **ninguno** (I don't like any (of them))

This text uses a verb in something called the **subjunctive**, which is where the verb pattern changes slightly as a result of what comes before it e.g. in the text it says dejamos que nustros hijos … negocien (normally you would expect this to be **negocian**). It doesn't change the meaning from an understanding point of view and makes no difference to your answers in the text, but examples of the subjunctive will sometimes turn up. You will only have to use the subjunctive in limited contexts at Higher and we will look at it in more detail later on. See page 229 for more information.

LISTENING

Escucha este anuncio para un cine y escribe la información correcta.
Día del espectador:
Horario:
Precio de la entrada:
Gratis con una bebida:

SPEAKING

Photo card
- Describe la foto/¿De qué trata esta foto?
- ¿Te gustan los videojuegos? ¿Por qué (no)?
- Creo que los pasatiempos son muy importantes. ¿Estás de acuerdo?
- ¿Qué hiciste durante tu tiempo libre la semana pasada?
- ¿Cómo sería tu fin de semana ideal?

WRITING

Escribe al menos una frase sobre los temas siguientes:
- Tu pasatiempo preferido
- Tu película preferida
- Tu música preferida
- Tu opinión sobre los videojuegos
- Los programas que te gustan
- Lo que hiciste la semana pasada

EXTRA

Da tus opiniones y las razones sobre todos los temas.

4B ENTERTAINMENT AND LEISURE (2)

Lee el texto de la novela *La furia de Nico* escrito por Gabriel Korenfeld. Responde a las preguntas en español.

Las dos parejas subieron por la escalera mecánica y se acercaron a la cartelera.

¿Qué vemos?—preguntó el novio de Lula.

Una comedia romántica—le contestó su chica.—*¿Qué tal esa? 'Te volví a encontrar'*, dijeron que estaba buena.

Yo no tengo problema—comentó Mia.

Yo sí—dijo Nico—*¿Y si vemos 'Imaginación Siniestra'?*—dijo mirando el poster terrorífico.

Genial, terror entonces—confirmó Seba—*¿Por qué no vais a comprar las palomitas y yo me quedo con Lula haciendo la fila para las entradas?*

Nico y Mia fueron a la fila del Candy Bar. La cola era todavía más larga que la de las entradas.

1. ¿Donde están?
2. ¿Quién quiere ver una película de amor?
3. ¿Quién está de acuerdo con Lula?
4. ¿Quién quiere ver una película de terror?
5. ¿Quiénes van a comprar las entradas?
6. ¿Quiénes van a comprar las palomitas?

Remember that you can use the **gerund** to give more detail about what is happening or what has happened. Here it is used with the **preterite** – *dijo mirando el poster* (he said, looking at the poster). See page 223 for more details.

Translate the following paragraph into English:
El tiempo libre mejora la calidad de vida de los niños porque ayuda a desarrollar su imaginación. Por lo tanto siempre he intentado pasar al menos una hora cada día haciendo actividades. Creo que el ocio es tan importante como el trabajo.

Read this report about shopping and answer the questions in English.

Tres de cada cuatro jóvenes prefiere comprar en tiendas físicas a hacerlo por Internet.
Sorprendente y real: salir de compras es más divertido y motivante para los jóvenes que comprar por Internet. Una encuesta a 9.500 adolescentes indica que un 76% de las chicas y un 62% de los chicos prefiere comprar en las tiendas físicas, pues supone una experiencia de compra mucho mejor que comprar online.

Por categorías de compras, los jóvenes encuestados prefieren gastar su dinero en estas categorías: comida y bebida (36%), ropa (24%), tecnología (16%), música (10%), eventos (8%) y libros/revistas (6%).

La misma encuesta permite apuntar las siguientes tendencias:

- Tiempo medio de shopping (ir de compras): 97 minutos
- Número de veces que salen de compras en un año: 29
- Crecimiento en la preferencia de marcas deportivas
- Fuentes de influencia: amigos, deportes, Internet, películas, TV y revistas

1. What do the majority of young people prefer?
2. Give **two** reasons why they prefer it.
3. Write down **three** things that young people spend their money on.
4. How often do young people go shopping on average?
5. What does the report say about the brands they like?
6. Write **three** things that influence young people.

LISTENING

Listen to what Sandra and Ricardo say about shopping. Are the statements true or false?

Sandra
1. Sandra's boyfriend is a compulsive shopper.
2. Sandra spends more money when she goes shopping with her friends.
3. Sandra spends more money when she goes shopping with friends.
4. She loves trying on clothes.
5. She feels guilty when she buys new things.

Ricardo
1. Ricardo says he has read that men get bored of shopping after 26 minutes.
2. Ricardo doesn't agree with this statement.
3. He prefers going to real shops instead of shopping online.
4. Ricardo takes his time when he is shopping.
5. Recently he has spent a lot of his money on videogames.

EXTRA

Now write your own paragraph with your opinions on shopping.

SPEAKING

Role play
- Say what type of music you like
- Ask your friend what television programmes they like
- Say what your favourite film is and why
- Ask your friend what their hobbies are
- Say what you did last week in your free time
- Say what you would do in your ideal weekend

WRITING

Translate the sentences into Spanish:
1. I spend more money when I go shopping with my friends.
2. Last week I went to the cinema and I saw a new film.
3. What are your favourite hobbies?
4. I must admit that free time is very important to me.
5. If I have more time I will learn to play an instrument.

GRAMMAR

Remember that **adverbs** are used to express how, when, where or to what extent something is happening.

Many Spanish adverbs are formed by adding **mente** to the feminine form of the adjective e.g. rápido – rápida**mente**.

Some adverbs are completely irregular e.g. bien (well), mal (badly).

You can also make comparisons using más que and menos que with adverbs e.g. se puede comprar zapatos **más fácilmente** en las tiendas que en línea (you can buy shoes more easily in shops than online).

You can also use **superlative adverbs** e.g. tocar un instrumento es la actividad que hago **más frecuentemente** (playing an instrument is the activity I do the most frequently).

See page 207 for more information.

GRAMMAR

You can also make comparisons by using **tan … como** (as … as) – but remember to make the adjective agree e.g. el cine es **tan** divertido **como** el cine (the cinema is **as** entertaining **as** the TV), las películas de amor son **tan** aburridas **como** los programas de telerrealidad (romance films are as boring as reality TV shows).

You can also use **tanto/a … como** (as much … as) and **tantos/as … como** (as many … as) e.g. mi hermano no tiene **tantos** pasatiempos **como** su novia (my brother doesn't have as many hobbies as his girlfriend).

Tanto can also be used on its own to mean *so much/so many/such* e.g. paso **tantas** horas leyendo libros (I spend so many hours reading books).

4B ENTERTAINMENT AND LEISURE (3)

Read this report and match 1–6 to a–f.
¿Qué hacen los argentinos con su tiempo libre?

- El 40% de las personas dedica entre uno y tres horas diarias al tiempo libre. Sólo el 20% dedica menos de una hora al día. El 40% pasa tiempo con su familia; el 25% practica deportes. Sólo el 10% dice que ve la televisión en su tiempo de ocio.
- El 68% de los estudiantes universitarios dedican entre una y cinco horas diarias al tiempo libre.
- Los más jóvenes prefieren hacer salidas sociales o dedicar el tiempo libre a sus hobbies. Las personas entre 36 y 45 años, ver la televisión o practicar algún deporte. Los mayores de 60, sólo ver la televisión.

1. 40% of people
2. 20% of people
3. 25% of people
4. 10% of people
5. 68% of students
6. People between 36–45

a. Spend up to five hours a day on hobbies
b. Watch TV or play sport
c. Spend less than an hour a day on hobbies
d. Play sport
e. Spend up to three hours a day on hobbies
f. Watch TV

Be careful – accents can change the meaning of words in Spanish. The most common example is **sí** (yes) and **si** (if), but another one to be careful with is **sólo** and **solo.**

Sólo and **solamente** mean exactly the same thing – they are adverbs meaning *only/just* and are used with a verb e.g. tengo solamente/sólo un pasatiempo (I have only one hobby).

Solo/a/os/as is the adjective meaning *alone* and needs to change to agree with what it is describing e.g. preferimos estar solos (we prefer being alone).

Lee este artículo sobre un pasatiempo raro y responde a las preguntas en español.
Hay hobbies que tienen muchas personas, como hacer fotografías, coleccionar sellos o dibujar, pero hay otros que no son tan comunes. Aunque mucha gente toca un instrumento de música como pasatiempo, el pasatiempo privado de tocar la 'guitarra de aire' se ha convertido en un nuevo fenómeno de culto.

Cada año el campeonato mundial de guitarra de aire atrae a hasta 7.000 personas y el 'guitarrista de aire' tiene sólo 60 segundos para convencer a sus seguidores y a los jueces. Como premio se lleva una guitarra de verdad aunque muy especial, fabricada con plexiglás. Pero no sólo hay campeonatos de esta disciplina. La popularidad del 'air guitar' también ha inspirado el primer documental sobre el tema, una obra de teatro, y un videojuego que permite transformar personajes virtuales en celebridades famosos de la música.

1. ¿De qué pasatiempo trata el artículo?
2. **Dos** pasatiempos típicos:
3. **Dos** detalles del campeonato mundial:
4. **Dos** cosas que el pasatiempo ha inspirado:

EXTRA

Find out how to say:
- to convince
- to draw
- to collect
- to transform
- championship
- judges

LISTENING

Listen to this report about work–life balance and answer the questions in English.
1. According to the report, what is complicated?
2. What is the first thing you should try to do?
3. Choose the **five** pieces of advice that are given:
   a. Spend more time with friends
   b. Choose which activities are more important than others
   c. Say no to anything that won't benefit you
   d. Try new activities
   e. Save energy by spending less time on sport
   f. Watch less TV
   g. Don't visit people you don't want to see
   h. Spend two hours a week visiting friends
   i. Spend two hours a week doing sport
   j. Use the computer at fixed times

GRAMMAR

You've already learned how to give some **commands**, but when telling someone **not** to do something (i.e. a negative command) the imperative takes a slightly different form e.g.

- sigue – **no sigas**
- elije – **no elijas**
- usa – **no usas**
- mira – **no mires**

See page 228 for more details.

SPEAKING

Conversation
- ¿Qué te gusta hacer en tu tiempo libre?
- ¿Cuál es tu programa de televisión preferido?
- ¿Qué prefieres: una buena película o un buen libro? ¿Por qué (no)?
- Describe la última película que viste.
- ¿Qué harás el fin de semana que viene?
- ¿Qué actividades te gustaría hacer este verano?

WRITING

Escribe un correo electrónico a tu amigo sobre tus pasatiempos. Puedes dar más detalles pero tienes que incluir:
- tus pasatiempos
- las actividades que hiciste la semana pasada
- lo que vas a hacer/harás el fin de semana que viene
- tu opinión

GRAMMAR

Some Spanish verbs need a preposition before an infinitive. Here are some examples:

- empezar/comenzar **a** – to begin to
- acabar **de** – to have just done something
- terminar **de** – to stop
- dejar **de** – to leave off/stop doing something
- ayudar **a** – to help to
- volver **a** – to do something again

4B ENTERTAINMENT AND LEISURE VOCABULARY GLOSSARY

el actor/la actriz	actor
la cámara fotográfica	camera
la canción	song
el/la cantante	singer
el centro comercial	shopping centre
el cine	cinema
el club de jóvenes	youth club
las comedias	comedies
los dibujos animados	cartoon
el documental	documentary
el entretenimiento/el ocio	entertainment
el juego de mesa	board game
la música	music
los musicales	musicals
las noticias	news
la novela	novel
el ocio	leisure
el pasatiempo	hobby
la película	film
las películas de aventuras/acción	action/adventure films
las películas de ciencia-ficción	sci-fi films
las películas de miedo/terror	horror films
las películas románticas/de amor	romantic films
el periódico	newspaper
el programa	programme
el programa concurso	quiz show
el programa de deporte	sports programme
el programa de entrevistas	chat show
el programa de telerrealidad	reality show
la publicidad	advertising
la revista	magazine
la serie	series
las series de policías	detective series

la telenovela	soap opera
el televisor	TV set
el tiempo libre	freetime
los videojuegos	videogames
bailar	to dance
cantar	to sing
coleccionar	to collect
descansar	to relax
divertirse	to enjoy yourself
encontrarse con/quedar con	to meet
gastar dinero	to spend money
ir de compras	to go shopping
jugar	to play
leer	to read
practicar	to practise
preferir	to prefer
salir	to go out
tocar un instrumento	to play an instrument
ver la tele	to watch TV

GRAMMAR

There are several categories of **pronouns** in Spanish:

- Remember that in Spanish, we usually only use **subject pronouns** (yo, tú, él, nosotros etc.) for emphasis if you need to make it clear who is speaking or to ask questions (e.g. ¿y tú?), but reflexive verbs *always* need **reflexive pronouns** before the verb e.g. **me** llevo bien con mi amigo.
- **Direct-object pronouns** (me, te, lo, la, nos, os, los, las) are used to say *me, you, him, her, it, us, you, them* e.g. **lo** hago desde hace cinco meses (I have been doing **it** for five months).
- **Indirect-object pronouns** (me, te, le, nos, os, les) are used to say *(to) me, (to) you, (to) him/her/it, (to) us, (to) you, (to) them* e.g. mi amigo **me** invitó al cine (my friend invited **me** to the cinema).
- When you use the two of them together, the **indirect-object pronoun** always comes before the **direct-object pronoun** e.g. mis padres **me lo** compraron (my parents bought it for me).

For more on pronouns see page 208.

4A HEALTH AND FITNESS
4B ENTERTAINMENT AND LEISURE
GRAMMAR IN CONTEXT

1. GERUND

Complete the sentences with the correct form of the gerund from the verbs underneath. Be careful – some might be irregular.

Luna está _____ un libro.

Pasamos la noche _____ películas.

Siempre estoy _____ actividades diferentes.

Mi hermana está_____ comer sano.

Sigo _____ al tenis porque me encanta.

Mi hermano pasó toda la mañana _____.

hacer	leer	leer
intentar	dormir	jugar

> Remember that **gerunds** are **ing** words (like walking, shopping, doing). Using the gerund allows you to add more detail to your Spanish. See page 221.

2. PHRASES WITH *TENER*

Translate these sentences into Spanish using the correct phrase from the box below.

1. I am frightened of horror films.
2. I am lucky because I have lots of hobbies.
3. I am always hungry after the match.
4. I have a sore throat.
5. Our team is successful.

tener hambre	tener suerte
tener dolor de	tener miedo
tener éxito	

> Although **tener** means *to have*, remember that it can have lots of different meanings when used with certain expressions.

3. *DESDE HACE/HACE*

Translate the following sentences into English:

1. Juego al tenis desde hace seis meses.
2. Soy vegetariano desde hace tres años.
3. Jorge juega al baloncesto desde pequeño.
4. Mi club de fútbol fue creado hace sesenta años.
5. Comía sanamente desde hacía un mes.

> Remember that you use **desde hace** with the **present tense** to say how long you **have been doing** something.

4. PRONOUNS

Translate the following sentences into Spanish using direct- and indirect-object pronouns.

1. I sent you an e-mail.
2. I gave some magazines to her.
3. I am going to do it.
4. I bought them online.
5. She is visiting us.

> Remember that **object pronouns** can be **direct** (e.g. *me*) or **indirect** (e.g. *to me*). Object pronouns usually go before the verb (e.g. *lo tengo*) and after a negative word (*no lo tengo*). They also go at the end of an infinitive/gerund or at the beginning of the sentence when used in the immediate future or present continuous (e.g. *voy a comprarlo/lo voy a comprar* or *estoy haciéndolo/lo estoy haciendo*).

5. ADVERBS

Make these adjectives into adverbs and write a sentence (about health and fitness or entertainment and leisure) in Spanish using each one.

1. tranquilo
2. rápido
3. activo
4. frecuente
5. sano
6. malsano

> Remember not all adverbs end in **mente**. For more information see page 206.

6. PAST PARTICIPLES

Complete the following sentences with the correct past participle from the list below. Remember, when the past participle is used as an adjective you have to make it agree.

1. He _____ por Internet regularmente.
2. Estamos muy _____ después del fin de semana.
3. Hemos _____ el partido contra el otro equipo.
4. Nunca he _____ esquí.
5. Las tiendas están _____ los días festivos.
6. El centro comercial es un lugar muy _____ por los jóvenes.

| visitado | cansado | cerrado |
| hecho | navegado | ganado |

> For more information on the **perfect tense** and forming the **past participle** see page 227.

THEME: WALES AND THE WORLD – AREAS OF INTEREST

UNIT 2

THE WIDER WORLD

5A LOCAL AND REGIONAL FEATURES AND CHARACTERISTICS OF SPAIN AND SPANISH-SPEAKING COUNTRIES (1)

READING

Lee el texto sobre el clima en Argentina y escribe la información en español.

En Argentina el invierno se extiende desde el mes de julio hasta el mes de octubre, en tanto que el verano va de diciembre a marzo. El invierno es bastante frío, llueve mucho y los días son más cortos. El verano es muy caluroso y la humedad es bastante elevada, los días son más largos. Los meses más propicios para visitar Argentina son primavera y otoño, ya que el clima es mucho más estable y cálido.

- El invierno (**tres** detalles):
- El verano (**tres** detalles):
- Mejores temporadas:

WRITING

Escribe un párrafo sobre una ciudad o un país hispanohablante. Puedes dar más detalles pero tienes que incluir:
- el clima
- el paisaje
- los monumentos y las atracciones turísticas
- tu opinión

EXTRA

¿Recomendarías este lugar como destino turístico? ¿Por qué (no)?

GRAMMAR

You use the verb **hacer** with most weather phrases:
- hace buen/mal tiempo – it's good/bad weather
- hace calor/frío/sol/viento – it's hot/cold/sunny/windy

If you want to describe what the weather **was** like during your holiday, you will need to use the **imperfect tense** – hacía calor etc.

Some other weather phrases include:

- llueve – it's raining (llovía – it was raining)
- nieva – it's snowing (nevaba – it was snowing)
- está despejado/nublado – it's clear/cloudy (estaba – it was)
- hay niebla/tormenta – there is fog/a storm (había – there was)

Sometimes you will see weather expressions in the **preterite** as well – this is for weather at a specific point in time. Key verbs for this are hizo, llovió, nevó, estuvo and hubo.

LISTENING

Listen to the two people talking about Seville. Write down the information required in English.
- **One** detail about shopping in Seville:
- **Three** types of products mentioned:
- **One** detail about the streets around the town square:
- **One** other thing Seville is famous for:

GRAMMAR

In the listening task, you hear the adjective **buenísimo**. You can add the endings ísimo(s)/ísima(s) to lots of adjectives for emphasis (if the adjective ends in a vowel you need to remove it before adding the ending) – e.g. el hotel era **grandísimo**, las vacaciones fueron **baratísimas** etc.

THE WIDER WORLD | 97

READING

Read the tourist information about Cancún. Are the statements true, false or not mentioned in the text?

Quizá piensas que conoces Cancún: 22 kilómetros de pristinas playas blancas, aguas cristalinas y noches que se disfrutan bebiendo la margarita ideal, ¿cierto? Sí, tienes razón, pero sólo hasta cierto punto, porque Cancún es mucho más.

Situado en la esquina nordeste de la península de Yucatán, Cancún forma parte del territorio de la antigua civilización maya. Cancún se distingue por contar con infraestructura, modernos centros de entretenimiento (renovados en 2012) y una filosofía de servicio que rivalizan con destinos vacacionales en todo el mundo. A diferencia de muchas otras partes del Caribe y de México, Cancún fue desarrollado específicamente con fines turísticos, y continúa satisfaciendo las necesidades de sus más de 3,3 millones de visitantes anuales.

1. Cancún is in the north-west of the peninsula.
2. It has historical roots.
3. Cancún was developed with tourism in mind.
4. It is an hour from the airport.
5. More than 3 million tourists visit every year.
6. The entertainment complexes need renovation.
7. It is more than just a beach resort.
8. There are over a hundred hotels.

GRAMMAR

Remember that the **preterite** of **ser** and **ir** is the same. You can use **fue** to mean was when you are giving an opinion about a specific time in the past e.g. fue aburrido, fue fantástico.

You also see **fue** as part of the **passive** e.g. Cancún fue desarrollado (Cancún was developed). The **passive** is formed with **ser + past participle** and is used to say what is done to someone or something. You need to remember to make the past participle agree as well. See page 229 for more information on using the passive and how to avoid it.

SPEAKING

Conversation
- ¿Adónde vas de vacaciones normalmente?
- ¿Qué tipo de alojamiento prefieres? ¿Por qué?
- ¿Qué sitios de interés se puede visitar en España/Sudamérica?
- ¿Qué hiciste durante tus vacaciones el año pasado?
- ¿Qué lugares de Sudamérica te gustaría visitar? ¿Por qué?
- ¿Cómo sería tu destino ideal? ¿Por qué?

EXTRA

Can you find the **past participles** and **gerunds** in this text? What do they mean?

5A LOCAL AND REGIONAL FEATURES AND CHARACTERISTICS OF SPAIN AND SPANISH-SPEAKING COUNTRIES (2)

READING

Read the information about these four Spanish tourist attractions.

El **Palacio Real** de Madrid es la residencia oficial del Rey de España aunque sólo se usa para ceremonias de Estado. El palacio está parcialmente abierto al público, excepto cuando se utiliza para asuntos oficiales.

El **Museo Guggenheim** de arte contemporáneo en Bilbao se abrió en octubre de 1997. Está considerado una de las estructuras arquitectónicas más significativas del siglo veinte.

Las Ramblas tienen uno de los mercados más populares del mundo. Es una calle peatonal en el área central de Barcelona y ofrece mercados, tiendas, cafés y restaurantes al aire libre.

El palacio de la **Alhambra** en Granada fue construido en el siglo catorce y es uno de los mayores destinos turísticos en España. Por razones de conservación y calidad de la visita se limita el número de entradas diarias.

Which attraction ... ?

1. was built in the 14th century
2. is famous for its architecture
3. is pedestrianised
4. is used for ceremonies
5. has modern art
6. has a strict number of visitors
7. is not fully open to the public
8. is in the centre of town

READING

Translate the following paragraph into English:

Para mí es muy importante descubrir la cultura y la historia de un destino turístico. Si tenemos la oportunidad de viajar a países diferentes, aprenderemos sobre las otras maneras de vivir. Creo que viajar al extranjero puede ayudar a eliminar el racismo y los prejuicios.

GRAMMAR

This text has an example of the **passive** voice (**ser + past participle**) – fue construido (it was built).

The text also has examples of **avoiding** the passive by using the pronoun **se** and the third person of the verb (the *él/ella* or *ellos/ellas* form) e.g. se usa/se utiliza (it is used), se abrió (it was opened). This is much more common in Spanish.

EXTRA

Can you find other examples of the passive elsewhere? Can you think of how you could change them by using se and the third person of the verb?

READING

Read this extract from the novel *Madrid zombi* by Juan Carlos Sánchez Clemares. Answer the questions in English.

Madrid, capital de España, dos años después de la infestación zombi. Alrededores del estadio de fútbol Santiago Bernabéu. Mayo, día 13, 22:45 horas:

Era una noche come cualquier otra desde hace dos años, cuando esas criaturas se encontraban más activas e infestaban las calles, sobre todo el centro de Madrid y los lugares más concurridos de los madrileños en el pasado. Era como si tenían un instinto a transitar por los mismos lugares que en la vida. Carlos había descubierto que a los zombis no les gustaba andar por el campo porque eran monstruos de ciudad, no se alejaban mucho de los asentamientos urbanos, y se solían desplazar por carreteras o terrenos asfaltados.

El estadio se encontraba infestado de zombis, y muchos de ellos en la camiseta del Real Madrid. <u>Había que verlo para creerlo</u>, pero era cierto.

1. Where in Madrid are zombies often found?
2. What does the narrator think is strange about this?
3. What don't zombies like?
4. What do they prefer?
5. What does the narrator tell us about the stadium?

EXTRA

Translate the underlined sentences into English.

GRAMMAR

This text has an example of the **pluperfect tense** which describes what someone **had done** or what **had happened** at a particular point in the past e.g. Carlos había descubierto ... (Carlos *had discovered* ...). It is formed by using the **imperfect tense** of the verb **haber** followed by the **past participle**. See page 228 for more details.

WRITING

Escribe un artículo sobre un lugar que te gustaría visitar. Puedes dar más información pero tienes que incluir:
- Adónde te gustaría ir y los motivos
- Los monumentos que visitarías
- Las actividades que harías

SPEAKING

Photo card
- Describe la foto/¿De qué trata esta foto?
- ¿Te gustar visitar monumentos durante tus vacaciones? ¿Por qué (no)?
- Es importante aprender sobre la cultura de un país. ¿Estás de acuerdo? ¿Por qué (no)?
- ¿Qué sitios turísticos vas a visitar el año que viene?
- ¿Crees que las playas españolas son más populares que la cultura española? ¿Por qué (no)?

LISTENING

Escucha esta entrevista con el periodista Paco Gil sobre su viaje a Colombia. Elige la respuesta correcta.

1. ¿Cuánto tiempo pasó Paco en la Ciudad Perdida?
   a. un mes
   b. una semana
   c. dos semanas
2. ¿Dónde está la Ciudad Perdida?
   a. en Santa Marta
   b. en el sur de Colombia
   c. en el norte de Colombia
3. Hay que viajar ...
   a. con un tour organizado
   b. con un grupo grande
   c. con ropa adecuada
4. El tour incluye ...
   a. un mapa
   b. un guía
   c. el transporte
5. Es mejor visitar ...
   a. cuando hay menos lluvia
   b. en primavera
   c. en verano
6. La temporada de lluvias es ...
   a. de octubre a marzo
   b. de diciembre a marzo
   c. de octubre a diciembre

5A LOCAL AND REGIONAL FEATURES AND CHARACTERISTICS OF SPAIN AND SPANISH-SPEAKING COUNTRIES (3)

READING

Read the information about Machu Picchu and choose the five correct statements.

Ubicación: Machu Picchu está ubicado a 120 kilómetros al noroeste de la ciudad de Cusco a una altura de 2.400 metros.

Acceso: Las únicas vías de acceso son por tren (cuatro horas), helicóptero (sólo 30 minutos pero es bastante caro) o caminando. No hay una carretera que comunique la ciudad de Cusco y las ruinas de Machu Picchu.

Clima: Es cálido y húmedo, con días soleados y noches frescas. La temporada de lluvias empieza en Diciembre y termina en Marzo.

Historia: Fue descubierto por el arqueólogo norteamericano Hiram Bingham en 1911. Los arqueólogos estiman que fue construido en el siglo quince por los Incas.

1. There are only three ways of reaching Machu Picchu.
2. The rainy season begins in March.
3. Archaeologists think it was built in the 15th century.
4. There is no road to Machu Picchu.
5. It's northeast of the city of Cusco.
6. The climate is warm and humid.
7. The nearest train station is four hours away.
8. Machu Picchu is 2.4 km away from Cusco.
9. The train journey to Machu Picchu takes four hours.
10. It was built by Hiram Bingham.

LISTENING

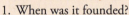

Listen to this advert for a tourist attraction in Costa Rica. What is the advert for? Answer the questions in English.

1. When was it founded?
2. When did the tours begin?
3. How many people have visited since the tours started?
4. What sort of people go on the tour?
5. What do you learn about Costa Rica on the tour?
6. Apart from coffee, what else can you try in the gift shop?

WRITING

Translate the following paragraph into Spanish:

The palace is a very popular tourist destination. It was built in 1872. It is open every day from 10 o'clock. I went to the monument yesterday and it was really educational. Tomorrow I would like to visit the museum.

SPEAKING

Role play

- Say where you normally go on holiday
- Say where you would like to visit in Spain and why
- Describe a tourist attraction that you visited on holiday
- Ask your friend a question about a tourist attraction in their area
- Ask for information about a tourist attraction at a tourist office
- Say what sort of monuments you usually like visiting on holiday

THE WIDER WORLD | 101

READING

Lee la información sobre el tour del estadio Camp Nou. Empareja 1–8 con a–h.

Camp Nou Tour y Museo

Conoce la historia del Barça a través de sus trofeos, mesas y muros interactivos. Sin duda alguna, las vistas más impresionantes del Camp Nou las tendrás desde el terreno de juego.

Abierto todos los días del año, excepto el 1 de enero y el 25 de diciembre.

No se requiere reservar día ni hora para realizar la reserva.

Días de partido de Liga y Copa del Rey: El tour estará cerrado todo el día. Sólo se podrá visitar el museo (Sala de Trofeos, Historia, Espacio Messi, Trofeos de Secciones) hasta tres horas antes del inicio del partido.

Para que la visita sea más confortable, se recomiendan los horarios de primera hora de la mañana (antes de las 11h) o de la tarde (a partir de las 16h).

La duración estimada del tour es de 1h 30min.

1. El tour está cerrado …
2. Es recomendado …
3. La visita dura …
4. Las vistas mejores son …
5. Los días de partido el tour …
6. El museo cierra tres horas …
7. La visita es más cómoda …
8. El tour ofrece la oportunidad de …

a. … no está abierto
b. … después de las cuatro
c. … el día de Navidad
d. … llegar temprano
e. … antes de un partido
f. … desde el terreno de juego
g. … conocer la historia del club
h. … menos de dos horas

EXTRA

¿Te gustaría hacer este tour? ¿Por qué (no)?

GRAMMAR

The **subjunctive** is something that you will see a lot in reading texts – knowing when it needs to be used will allow you to be more accurate, particularly in your written Spanish. It's not something you use in English, so you will have to learn when to use it properly in Spanish.

In this text, you can see it used after the expression **para que** – para que la visita **sea** más confortable.

You will also see it used to express wishes, doubt, uncertainty, possibility and feelings. As well as para que, the following expressions also take the **subjunctive**: es posible que, es necesario que, es importante que, es probable que e.g. es importante que **vayas** al museo.

Some of the most common verbs that you will see in the **yo** form are **sea** (ser), **vaya** (ir), **haga** (hacer) and **tenga** (tener). You will also see **haya** (there is/are).

There are other situations and set phrases when the **subjunctive** is used. For more information and to see how it is formed, see page 229.

5A LOCAL AND REGIONAL FEATURES AND CHARACTERISTICS OF SPAIN AND SPANISH-SPEAKING COUNTRIES VOCABULARY GLOSSARY

cerca de	near
a la derecha	on the right
enfrente de	opposite
en la esquina	on the corner
al final de	at the end of
a la izquierda	on the left
al lado de	next to
lejos de	far from
por/a través de	via

el albergue (juvenil)	(youth) hostel
el alojamiento	accommodation
el apartamento	apartment
el balcón	balcony
el balneario	spa resort
el bosque	forest
el camping/campamento	campsite
la caravana	caravan
la casa de huéspedes	guest house
el chalet	villa, chalet
el hostal	inn, hostel
el hotel (de lujo)	(luxury) hotel
el hotel de cinco estrellas	five star hotel
el lago	lake
la montaña	mountain
el parador	luxury hotel
la pensión	guest house
el piso	flat
el puerto	port, harbour
el río	river

acampar	to camp
alquilar	to rent
broncearse	to get a suntan
comer en restaurantes típicos	to eat in traditional restaurants
comprar recuerdos	to buy souvenirs
deshacer las maletas	to unpack
hacer las maletas	to pack
ir a la playa	to go to the beach
ir de excursión	to go on a daytrip
quedarse/alojarse	to stay
sacar fotos	to take photos
tomar el sol	to sunbathe
visitar monumentos	to visit monuments

a buen precio	at a reasonable price
acogedor/a	welcoming
animado/a	lively
antiguo/a	old
bonito/a	nice
comódo/a	comfortable
de lujo	luxury
feo/a	ugly, horrible
grande	big
histórico/a	historical
incómodo	uncomfortable
lujoso	luxurious/luxury
nuevo/a	new
pequeño/a	small
turístico/a	touristic

5B HOLIDAYS AND TOURISM (1)

READING

Read the following information about the Hotel Valenciano. Match 1–6 to a–f.

1. El hotel pone a tu disposición cinco cabinas para tratamientos y masajes y una agradable zona de hidroterapia.
2. Reconocido como uno de los mejores desayunos en Valencia, este hotel es famoso por su espléndido buffet internacional.
3. Restaurante a la carta basada en una cocina tradicional. Alta gastronomía con las mejores propuestas de la cocina mediterránea e internacional.
4. Dispone de una parada de taxis frente al hotel y de una parada de autobús, estación de metro y tranvía a tan sólo 100 metros.
5. Su centro de convenciones dispone de 21 salones con capacidad para acoger hasta 875 personas.
6. Son amplias, luminosas y renovadas de elegante y moderno estilo contemporáneo.

a.

d.

b.

e.

c.

f.

EXTRA

Find the Spanish:
- recognised as
- it is famous for
- haute cuisine
- to welcome

READING

Lee esta opinión de un viajero sobre su alojamiento. Elige la respuesta correcta.

'Un lugar para repetir, repetir, repetir'

He estado en muchísimos campings en España y tengo que decir que es el mejor con diferencia. Nosotros siempre hemos ido en agosto para disfrutar plenamente de todas las instalaciones. Ya nos encantaba antes de la ampliación de la piscina, que ahora es todo un parque acuático. La animación es sensacional, todo el día, con mucha variedad, sobre todo para los niños y los espectáculos que preparan para el fin de semana son estupendos.

El camping está en general muy limpio, hay bastante personal de limpieza trabajando de forma constante todo el día. La restauración es muy buena, tanto el restaurante como la pizzería y la atención del personal es magnífica.

Como parte 'negativa', es un lugar muy solicitado, por lo que no es fácil encontrar plaza en temporada alta. El precio es algo caro, comparado con otros lugares, pero también es cierto que están en calidad y servicios muy por encima de la gran mayoría. He ido en cinco o seis ocasiones y seguro que volveré a ir.

1. Normalmente va de vacaciones …
   a. en verano
   b. en invierno
   c. en otoño
2. La piscina es …
   a. bastante pequeña
   b. cubierta
   c. muy grande
3. El camping organiza actividades …
   a. poco divertidas
   b. de alta calidad
   c. los fines de semana
4. El camping no está …
   a. sucio
   b. limpio
   c. abierto

5. El camping ofrece …
   a. comida típica
   b. comida buena
   c. comida barata
6. Es un camping …
   a. muy popular
   b. muy barato
   c. muy tranquilo

EXTRA

Find the Spanish for:
- I have to say that
- constantly
- compared with
- it's certain that
- I will go back

LISTENING

Nuria and Pedro are discussing holidays. Are the statements true, false or not mentioned?
1. Nuria thinks holidays are important for your health.
2. Pedro doesn't have enough money to go on holiday.
3. Nuria thinks holidays are expensive.
4. Nuria thinks a few days isn't long enough to relax.
5. Pedro doesn't want to stay in low quality accommodation.
6. Nuria recommends staying in a youth hostel.
7. Nuria thinks hostels are very sociable.
8. Pedro would prefer to stay in a hotel.

SPEAKING

Role play
- Say where you went on holiday last year
- Say where you normally stay on holiday
- Give one advantage of tourism
- Ask your friend what they like doing on holiday
- Ask how far away the beach is
- Describe your ideal holiday

WRITING

Escribe al menos una frase sobre los temas siguientes con referencia a tus vacaciones *del año pasado*:
- el transporte
- el alojamiento
- el clima
- la comida
- las actividades
- tu opinión

GRAMMAR

By this stage in the course, you should feel confident about using the **past**, **present** and **future** in your spoken and written Spanish. You can also add in a variety of other tenses and expressions to extend your answers. You have seen the following tenses:

- The **present tense** to talk about activities you do regularly e.g. voy a la playa.
- The **present continuous** to say what you are doing at the time of speaking e.g. estoy leyendo un libro.
- The **preterite** to talk about something you did e.g. fui a la discoteca.
- The **imperfect tense** for things that used to happen regularly in the past e.g. hacía sol.
- The **perfect tense** to say what you have done e.g. he visitado el castillo.
- The **pluperfect tense** to say what you had done e.g. había hecho muchas actividades.
- The **immediate future** to say what you are going to do e.g. voy a ir de vacaciones.
- The **future tense** to say what you will do e.g. viajaré al extranjero.
- The **conditional tense** to say what you would do e.g. me quedaría en un hotel de lujo.

You don't always have to use all of these tenses, but you need to be able to recognise them as they will appear in listening and reading exercises, and you do have to refer to **past**, **present** and **future** events in your speaking and writing exams.

5B HOLIDAYS AND TOURISM (2)

READING

Lee lo que dicen estos jóvenes sobre sus vacaciones ideales.

Rita: Mis vacaciones ideales serían en un lugar paradisíaco con total relajación.

Noemí: Lo más importante para mí es la posibilidad de vivir aventuras.

Miguel: Me gustaría descubrir otras culturas y tradiciones.

Xavi: Preferiría conocer países menos desarrollados y saber en qué situación se encuentran.

Kai: Para conseguir mis vacaciones ideales haría falta mucho tiempo y mucho dinero.

Marina: Me encantaría acampar en plena naturaleza y dormir en tierras desconocidas.

¿Qué tipo de turismo les conviene?

1. El turismo solidario/sostenible
2. El turismo de lujo
3. El turismo cultural
4. El turismo rural
5. El turismo de sol y playa
6. El turismo de aventura

READING

Read this extract from the novel *Sin fronteras* by Albert Casals.

Cuando pienso en los días anteriores a mi partida a Sudamérica, recuerdo el nerviosismo. Hasta entonces había hecho muchos viajes, sí, pero todos habían durado dos semanas o menos. Recuerdo muy bien la sensación de libertad y la felicidad de saber que todo cuanto tenía era mi mochila, el billete de veinte euros que me había dado mi abuela antes de partir, y un montón de países para visitar ... Pero había algo de lo que estaba seguro: me disponía a emprender la aventura más grande que había vivido nunca. Mi primer viaje en solitario representaba la culminación de todo lo que había soñado: un viaje sin fecha de vuelta, sin dinero, con libertad absoluta, y un destino fuera de Europa.

1. Where was he going?
2. How did he feel before his journey?
3. What does he say about his previous holidays?
4. How did he feel on the journey?
5. What are the only **two** things he had with him?
6. What had he always dreamed about? Give **two** details.

GRAMMAR

Remember that you use the **pluperfect tense** to say what you **had done** or what **had happened**. There are several examples of the pluperfect in this extract. Can you find them? What do they mean?

LISTENING

Listen to the advert for a competition. Complete the information in English.

Prize:
Value of the prize:
How to enter:
Not accepted:
Closing date:

EXTRA

What might also happen if you enter?

READING

Translate the following paragraph into English:

Este verano hice muchas cosas ... primero fui a la playa con mis padres, mi hermana y mis abuelos. Estuvimos allí un mes entero y me lo pasé muy bien bañándome en el mar y haciendo pequeñas excursiones. Unos amigos míos estaban también de vacaciones allí y fuimos con ellos a un restaurante.

THE WIDER WORLD | 107

SPEAKING

Conversation
- ¿Qué tipo de vacaciones te gusta? ¿Por qué?
- ¿Qué haces normalmente durante tus vacaciones? ¿Por qué?
- ¿Adónde fuiste de vacaciones el año pasado?
- ¿Cómo serían tus vacaciones ideales?
- ¿Crees que las vacaciones son importantes? ¿Por qué (no)?
- ¿Crees que el turismo cultural tiene muchas ventajas? ¿Por qué (no)?

You can use the following expressions to make your Spanish sound more natural: a ver …, pues …, un momento … If you don't understand the question, you can ask ¿Puedes repetir (la pregunta), por favor? (but if you need to use the usted form in a more formal situation, you would have to use puede instead of puedes in the question).

WRITING

Escribe un artículo sobre 'los jóvenes y las vacaciones'. Da información, ejemplos y justifica tus opiniones sobre los temas siguientes:
- La importancia de las vacaciones
- Los aspectos positivos del turismo
- Lo que harás durante tus próximas vacaciones

Make sure you include **sequencers** (e.g. primero, después, luego, finalmente) to structure your writing. Remember to always give your opinion and justify it. If you are presenting two sides of an argument, remember you can use pero (but), por un lado (on one hand) and en cambio/por otro lado (on the other hand). To present opinions, you could also use lo bueno/malo es que … e.g. lo bueno del turismo es que …

As well as starting with en mi opinión, you can also use a mi modo de ver as well as pienso/creo/opino que …

5B HOLIDAYS AND TOURISM (3)

Read Chus and Bárbara's opinions. What are they discussing?

CHUS: En mi opinión, los mejores turistas se interesan mucho por la cultura local. Intentan hablar los idiomas locales, no suelen presentar quejas ni generar problemas ni ruidos. En contra, los peores confiesan abiertamente llevarse cosas de los hoteles, generar desorden y destrozar las habitaciones, y la mayoría de las veces van mal vestidos.

BÁRBARA: Los peores turistas no hablan otros idiomas aparte del suyo, no suelen disfrutar con las comidas y bebidas locales y son propensos a beber demasiado alcohol. Por otro lado, los mejores se animan a probar las especialidades típicas y además, suelen dejar buenas propinas.

Who says each of these statements – Chus or Bárbara?

The best tourists ... .
a. ... are interested in culture
b. ... leave good tips
c. ... try local food
d. ... don't complain

The worst tourists ...
a. ... are badly dressed
b. ... take things from hotels
c. ... don't speak other languages
d. ... don't try local food

Read the article about tourism in Spain. Answer the questions in English.

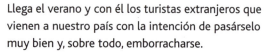

España: Fiesta, ocio, y alcohol

Llega el verano y con él los turistas extranjeros que vienen a nuestro país con la intención de pasárselo muy bien y, sobre todo, emborracharse.

El turismo de borrachera supone un arma de doble filo* para la imagen de España. Los extranjeros gastan mucho dinero pero ello repercute negativamente en la imagen que se tiene de nuestro país en el exterior.

La industria hotelera conoce bien esta nueva forma de hacer turismo y por eso reserva hoteles exclusivos para familias o para adultos. De hecho un 20%, de los 60 millones de turistas que viajan a nuestro país cada año, lo hacen atraídos por el ocio nocturno que encuentran en los distintos lugares de España.

Este tipo de turismo es muy conocido y lo único que se consigue con esto es destrozar la imagen de nuestro país. Por eso es necesario realizar una campaña de comunicación para limpiar la imagen y apelar a un turismo más responsable.

un arma de doble filo – a double-edged sword

1. What do many tourists come to Spain for?
2. What is positive about this?
3. What does this type of tourism have a negative effect on?
4. What do hotels do as a result of this type of tourism?
5. How many tourists come to Spain each year?
6. What are 20% of these tourists attracted by?

EXTRA

Translate the last paragraph of the text into English.

SPEAKING

Photo card
- Describe la foto/¿De qué trata esta foto?
- ¿Te gustan las vacaciones de sol y playa? ¿Por qué (no)?
- Muchos turistas no respectan la cultura. ¿Estás de acuerdo?
- ¿Qué tipo de turismo te gustaría hacer en el futuro? ¿Por qué?
- ¿Cuáles son los aspectos negativos del turismo?

LISTENING

Escucha este reportaje y decide si las frases son verdaderas o falsas.
1. El 55% de los europeos utiliza las agencias de viajes.
2. El 46% de los europeos busca información en Internet.
3. El 66% de viajeros reserva sus vacaciones en Internet.
4. El 19% de los europeos prefieren los paquetes con todo incluido.
5. El 3% de los europeos reservan un paquete turístico.
6. Los paquetes turísticos son menos populares que los de todo incluido.

GRAMMAR

There are many ways that you can include the **subjunctive** to improve your Spanish. You can use **¡Ojalá (que) + subjunctive!** to express a wish for something to happen e.g. ¡Ojalá que **haga** buen tiempo! ¡Ojalá que el hotel **sea** grande!

You can also use the imperfect subjunctive in **si** sentences. You have already seen the pattern **si + present tense** followed by the future e.g. si hace sol, iré a la playa, but you can also use the structure **si + imperfect subjunctive** followed by the conditional. You can learn some **si** sentence structures with the imperfect **subjunctive** so that you can include it in your work e.g.

- **si ganara la lotería**, viajaría por todo el mundo
- **si tuviera mucho dinero**, me quedaría en un hotel de lujo
- **si fuera posible**, haría muchas cosas

See page 229 for more details on the subjunctive.

WRITING

Translate the following sentences into Spanish:
1. The majority of tourists use the Internet to book their journeys.
2. All-inclusive packages are quite expensive.
3. Many foreign travellers behave badly during their holidays.
4. I spent a week visiting all the tourist attractions.
5. Next year I would like to go back to the same place.

5B HOLIDAYS AND TOURISM VOCABULARY GLOSSARY

el ecoturismo	ecotourism
el equipaje	luggage
el extranjero	abroad
el folleto	leaflet/brochure
la industria hotelera	hotel industry
el invierno	winter
la maleta	suitcase
la media pensión	half board
la nacionalidad	nationality
el otoño	autumn
el país	country
el paquete con todo incluido	all-inclusive package
el pasaporte	passport
la pensión completa	full board
el plano de la ciudad	map of the town
la primavera	spring
el recuerdo	souvenir
la tarjeta postal	postcard
la temporada	season
el turismo	tourism
el turismo cultural	cultural tourism
el turismo de sol y playa	beach holidays
el/la turista	tourist
las vacaciones	holidays
las vacaciones activas	active holidays
las vacaciones de invierno	winter holidays
el verano	summer
la vida nocturna	nightlife
la vista	view

África	Africa
Alemania	Germany
Asia	Asia
el Atlántico	Atlantic
Australia	Australia
Austria	Austria
Bélgica	Belgium
Bruselas	Brussels
Canadá	Canada
Dinamarca	Denmark
Escocia	Scotland
Eslovaquia	Slovakia
España	Spain
los Estados Unidos	United States
Europa	Europe
Francia	France
Gales	Wales
Gran Bretaña	Great Britain
Grecia	Greece
Holanda	Holland
Hungría	Hungary
India	India
Irlanda	Ireland
Irlanda del Norte	Northern Ireland
las Islas Baleares	Balearic Islands
las Islas Canarias	Canary Islands
Italia	Italy
Luxemburgo	Luxembourg
el Mediterráneo	Mediterranean
Noruega	Norway
los Paises Bajos	Netherlands
Polonia	Poland
Rumanía	Romania
Rusia	Russia
Suecia	Sweden
Suiza	Switzerland
Turquía	Turkey

5A LOCAL AND REGIONAL FEATURES AND CHARACTERISTICS OF SPAIN AND SPANISH-SPEAKING COUNTRIES

5B HOLIDAYS AND TOURISM

GRAMMAR IN CONTEXT

1. WEATHER

Translate the following sentences into Spanish.

1. It's cold and windy today.
2. It was sunny every day during my holiday.
3. I love winter holidays, especially when it's snowing.
4. The sky was clear and it wasn't cloudy.

Remember that the third person form is always used to describe the weather. Make sure that you can refer to the weather in the past and present – you could even include weather phrases in the future/conditional to talk about a future or ideal holiday.

2. THE PASSIVE (AND AVOIDING IT)

Translate the following sentences into English.

1. El Castillo fue construido en 1659.
2. El museo es visitado por muchos turistas.
3. Se usa la Red para organizar las vacaciones.
4. Se limita el número de turistas.

Remember that in Spanish it is more common to avoid the **passive** by using **se + verb in third person**. You will still see the passive in reading texts so it's important to recognise it. See page 229.

3. PLUPERFECT TENSE

Complete the following sentences with the correct form of the pluperfect tense.

1. Pablo no _____ (viajar) mucho durante su vida.
2. Nosotros _____ (hacer) muchas actividades.
3. Ellos _____ (comprar) recuerdos.
4. El grupo _____ (visitar) el palacio.
5. Laura siempre _____ (imaginar) su destino ideal.

> Remember that the **pluperfect tense** is formed with the **imperfect** of **haber** and the **past participle**. See page 228 for more details.

4. SUBJUNCTIVE

Complete the sentences with the correct form of the subjunctive.

1. Es posible que _____ calor mañana.
2. Ojalá que _____ a los Estados Unidos.
3. No creo que el hotel _____ piscina.
4. Es importante que _____ los sitios turísticos.
5. Es probable que _____ muchos turistas.
6. No pienso que el viaje _____ muy largo.

visites	haga	tenga
sea	haya	vaya

> Remember that you will have to learn by heart the situations when you will need the subjunctive. See page 229 for more information.

5. USING THE PAST, PRESENT AND FUTURE

Copy and complete the following paragraph using the correct verb in the present tense, preterite or future tense.

Normalmente _____ de vacaciones con mis padres y _____ en un camping. Lo _____ bastante bien pero este verano _____ a Francia con mis amigos. _____ en barco y _____ en un albergue. El año pasado _____ a Alemania con mi colegio. _____ muchas cosas divertidas y _____ muchos sitios de interés. En general _____ las vacaciones activas porque _____ una persona deportista.

nos quedaremos	soy
nos quedamos	hicimos
prefiero	iré
paso	visitamos
fui	voy
viajaremos	

> It's essential to keep revising your tenses. You need to be able to speak and write about events in the past, present and future on every topic.

6. *SI* SENTENCES

Copy and complete these **si sentences** with a suitable verb in the **conditional**.

1. Si ganara la lotería …
2. Si viviera al extranjero …
3. Si fuera rico/a …
4. Si tuviera mucho tiempo libre …
5. Si tuviera mucha suerte …

> Remember that **si sentences** can add lots of interest to your written and spoken Spanish. See page 231 for more information.

THEME: CURRENT AND FUTURE STUDY AND EMPLOYMENT

UNIT 2

ENTERPRISE, EMPLOYABILITY AND FUTURE PLANS

6A EMPLOYMENT (1)

Read the advice from these young people about how to make a good impression at work.

Eloisa: Llega a tiempo – tu jefe no estará en absoluto interesado en tu 'buena excusa' por llegar tarde.

Ivet: Preséntate apropiadamente. Comienza pensando <u>¿cuál será la forma adecuada de vestir?</u> También conoce a tus compañeros y a tu jefe.

Amir: <u>¿Cómo se puede crear una buena primera impresión?</u> Proyecta una actitud positiva y muestra entusiasmo en lo que haces.

Jazmín: ¿Quieres ser un profesional maduro? Sé cortés y atento y evita las frases coloquiales. Una nota de agradecimiento es muy útil cuando alguien te ha ayudado.

Manu: Toma notas – hay un gran número de datos, nombres y procedimientos que debes aprender. Además evita las conversaciones religiosas o políticas.

Who would say the following?

1. Watch your language.
2. Try to arrive early if you can.
3. Make sure you wear the right clothes.
4. Write down everything so you don't forget.
5. Look as though you enjoy what you are doing.
6. Send a thank-you letter.
7. Avoid talking about controversial topics.
8. Get to know your colleagues.

Translate the three underlined questions into English.

Remember that there are two ways to ask questions in Spanish:

1. You can turn a statement into a question e.g. ¿Quieres ser un profesional maduro? But make sure you use the correct intonation when you are speaking.

2. Using question words (interrogatives). These always have an accent and come at the beginning of a question e.g. ¿cuál será la forma adecuada de vestir?

Be careful with **qué** and **cuál**. When used with the verb they can both mean **what**, but they are not interchangeable. **Cuál** is more common and is used when there is a selection or a choice of possibilities, whereas **qué** is used for a definition or an explanation.

- **Qué** is always used to translate *which* or *what* when it comes directly before a noun or a verb e.g. ¿qué trabajo prefieres? ¿qué te gusta hacer?
- **Cuál** is used for *which one* when it comes before a verb e.g. ¿cuál prefieres? It can also be translated as *which of* when used before **de** e.g. ¿cuáles de estos trabajos te interesan?

As well as the question words you have already learned, you can also use the following questions with prepositions:

- **¿De qué?** (About what? Of what?) e.g. ¿De qué trata este anuncio?
- **¿A quién(es)?** (Whom?) e.g. ¿A quién buscas?
- **¿Con quién(es)?** (With whom?) e.g. ¿Con quiénes estás trabajando?
- **¿De quién(es)?** (Whose?) e.g. ¿De quién es aquel libro?
- **¿Por qué?** (Why? For what reason?) e.g. ¿Por qué quieres encontrar un trabajo? (possible answer: **porque** quiero ganar dinero)
- **¿Para qué?** (Why? For what purpose?) e.g. ¿Para qué trabajas? (possible answer: **para** ganar dinero)

ENTERPRISE, EMPLOYABILITY AND FUTURE PLANS | 117

READING

Read this interview about an unusual job. Answer the questions in English.

¿En qué consiste el trabajo de probador de toboganes?
Consiste en viajar alrededor del mundo probando los distintos toboganes de los parques acuáticos. Hay que comprobar la velocidad, la altura, la cantidad de agua que necesita cada tobogán, el nivel de diversión que ofrece al cliente y por supuesto, la seguridad de estas atracciones.

¿Por qué es necesario realizar este trabajo?
Gracias a estos trabajadores las atracciones de los parques acuáticos están listas y seguras para las personas que quieran visitar estos centros de ocio. Estas personas ponen en juego su vida al arriesgarse ante la posibilidad de resultar herido en los toboganes rotos.

¿Qué se necesita para ser probador de toboganes?
El empleado tiene que estar dispuesto a viajar por el mundo durante 6 meses del año. Hay que sentirse cómodo en traje de baño, dispuesto a mojarse en horario laboral, y (lógicamente) le tienen que gustar mucho los parques de agua.

1. What is the unusual job?
2. Write down **three** things the employee has to check.
3. Why is this job needed?
4. What is the main risk involved in the job?
5. What do you have to be available to do?
6. Write **two** requirements of the job.

LISTENING

Gabi está hablando de su experiencia del trabajo. Rellena los espacios con las palabras correctas.

Voy a _____ (1) relaciones internacionales. Espero poder hacer unas _____ (2) que me faciliten el acceso al _____ (3), porque si no, lo veo difícil. Ya he hecho dos periodos de prácticas y me sirvieron para reafirmarme en mi _____ (4). Ahora tengo muy claro a qué es a lo que me quiero _____ (5). En ese sentido es algo _____ (6). Creo que las prácticas aportan, como mínimo, _____ (7) en el campo _____ (8) al que te quieres dedicar.

EXTRA

- Why does she want to do more work experience?
- Was her previous experience positive or negative? Why?

SPEAKING

Conversation
- ¿Qué haces para ganar dinero?
- ¿Te gusta ahorrar o prefieres gastar tu dinero? ¿Por qué?
- ¿Es difícil encontrar un trabajo a tiempo parcial? ¿Por qué (no)?
- ¿Qué tipo de trabajo te gustaría hacer en el futuro?
- ¿Crees que las prácticas de trabajo deberían ser obligatorias en el colegio?
- ¿Recomendarías el trabajo voluntario? ¿Por qué (no)?

WRITING

¿Cuáles son las ventajas y desventajas de las prácticas laborales? Escribe tres ventajas y tres desventajas.

6A EMPLOYMENT (2)

READING

Lee este texto de la novela *Hasta que te conocí* escrito por Anna García. Rellena los espacios con la palabra correcta.

Una vez en el exterior, me lleva poco rato orientarme y encontrar el camino hacia el gran edificio acristalado. <u>Me llamaron hace una semana para decirme que el puesto era mío.</u> Estaba tan contenta que cuando fui a firmar el contrato, temporal por el momento, ni pregunté cuál iba a ser mi sueldo. <u>Hoy mismo empieza mi futuro, el que siempre soñé</u>, el que tanto me ha costado conseguir después de varios años de carrera universitaria.

1. La narradora va al _____.
2. Le ofrecieron el puesto por _____.
3. Su contrato no es _____.
4. No sabe cuánto va a _____.
5. Pasó muchos años _____.

ganar
contrato
estudiando
trabajo

universidad
permanente
teléfono

EXTRA

- Translate 1–5 into English.
- Translate the underlined phrases into English.

You have learned that question words like *qué* and *dónde* have accents on them only in questions. Sometimes you also see question words with accents in statements as well e.g. ni pregunté cuál iba a ser mi sueldo (I didn't even ask what my salary was going to be). In this example from the text, cuál still has an accent as it's part of an **indirect question**.

SPEAKING

Photo card
- Describe la foto/¿De qué trata esta foto?
- ¿Es importante ganar dinero? ¿Por qué (no)?
- Los jóvenes necesitan experiencia laboral. ¿Estás de acuerdo?
- ¿En qué te gustaría gastar tu dinero? ¿Por qué?
- ¿Cuáles son los aspectos negativos de un trabajo a tiempo parcial?

ENTERPRISE, EMPLOYABILITY AND FUTURE PLANS | 119

READING

Read this advice and answer the questions in English.

Con suerte, esto te ayudará a ahorrar dinero. Ya no tendrás que depender de tus padres. Sólo hay que seguir estos pasos:

1. Aprovecha cada oportunidad que tengas para ganar dinero. Consigue un trabajo (o al menos reparte periódicos).
2. Píde a tus amigos que ahorren dinero contigo. De ese modo, no te sentirás presionado a ir al centro comercial o al cine y gastar más dinero.
3. Píde a tus padres que te recompensen con dinero si sacas buenas notas este año. Diles que te sentirías mucho más motivado para estudiar.
4. Pregunta si alguien necesita ayuda. <u>Puedes ganar dinero haciendo algo que se te da bien</u>. Puedes ser tutor, cortar el césped, cuidar niños, limpiar casas, lo que sea …
5. Pregunta a tus padres si te darán dinero por alguna tarea extra, por ejemplo, lavar los platos, o pasar la aspiradora.

1. What is the advice for?
2. Translate the introduction (in bold) into English.
3. How can you avoid feeling pressured by your friends?
4. What does (3) say you should ask your parents to do?
5. How can you convince them to do this?
6. Translate the underlined sentence in (4).
7. Write **three** suggestions given in (4) of what you could do.
8. What does (5) suggest you could ask your parents for?

EXTRA

Write two pieces of advice of your own on how to save money. Remember to use the imperative.

GRAMMAR

- This text uses the **imperative** to give instructions and advice. Remember that you will probably only have to use the imperative yourself if you need to give directions or instructions as part of a role play. You need to understand it though as you will see it in written instructions and you might hear it in your listening or speaking exam. In suggestion (3) in this text you can see that the **indirect-object pronoun** is used at the end of the command e.g. di**les** (tell **them**).
- You can also see examples of the **subjunctive** in this text as it is used when you are asking someone to do something e.g. Píde a tus amigos que **ahorren** dinero. Again, you will not have to use this very often but it is helpful to recognise it.
- This text also has several examples of **verb + infinitive** constructions e.g. puedes ser tutor. Remember that this is a common construction that you can use in your speaking and writing. The most likely verbs you will use are *poder, esperar, querer, deber* and *necesitar* e.g. espero encontrar un trabajo a tiempo parcial.

LISTENING

Listen to this report about young people and money. Choose the five correct statements.

1. Young people spend €38 a week.
2. Young people spend €38 a month.
3. Young people earn €154 a month.
4. Young people spend €154 a month.
5. 60% of young people receive pocket money weekly.
6. 22% of young people have to do chores to earn money.
7. 22% of young people have a part-time job.
8. 18% of young people never help at home.
9. 30% get money taken away as a punishment.
10. 30% get more money for good grades.

WRITING

Translate the following into Spanish:
What are the advantages of working part time? In my opinion, it is essential to earn money. I used to clean my neighbour's house once a week but now I don't have enough time. Next year I hope to find a summer job. I will save my money to buy clothes.

6A EMPLOYMENT (3)

READING

Read the four adverts for summer jobs. Choose a suitable job for each statement.

a. Se buscan camareros/as con experiencia en hostelería y con muchas ganas de trabajar y muy buena disposición para el trabajo en equipo.
b. Se necesitan socorristas que quieran trabajar a media jornada en piscinas de la Sierra Noroeste de Madrid. Se ofrece trabajo para toda la temporada de verano.
c. Estamos buscando cuidadores y paseadores de perros. Tan sólo pedimos tener pasión por los animales y ser mayor de 16 años. Compatible con otro trabajo o estudios.
d. Precisamos distribuidores de nuestros productos de cosmética y nutrición. Trabajarás de forma totalmente independiente sin horarios ni obligaciones y a tu propio ritmo.

1. I'd like to work and study at the same time.
2. I worked in a restaurant last summer.
3. I need something flexible.
4. I'd like to find a job for the whole summer.
5. I want to work with other people.
6. I want to be a vet when I'm older.

EXTRA

Answer these questions either orally or in writing: ¿Cuál de estos trabajos te interesa? ¿Por qué?

READING

Translate the following into English:
- Mis hijos adolescentes están buscando trabajos a tiempo parcial y haciendo preguntas acerca del dinero. ¿Qué debería decirles?
- Muchos bancos ofrecen cuentas bancarias específicamente para jóvenes. Un trabajo de verano puede ser perfecto para abrir una cuenta de ahorro.

READING

Lee este artículo de un periódico puertorriqueño. Responde a las preguntas en español.

Jóvenes hacen fila para empleo de verano.
Miles de jóvenes, muchos acompañados por sus padres, acudieron hoy a las oficinas del Departamento del Trabajo en Bayamón para solicitar empleos de verano.

Muchos de los interesados en trabajar este verano llegaron desde las ocho de la mañana para hacer la cola, aun cuando las puertas del centro no abrían hasta las 10 a.m. A esa hora la fila daba la vuelta al edificio y los jóvenes eran entrados en grupos de 20 para recoger los documentos que tendrán que llenar y entregar posteriormente.

Estas oficinas cubren nueve pueblos y los jóvenes eran dirigidos a las ventanillas que correspondían a sus lugares de residencia. Hay sobre mil empleos disponibles y el empleo es sólo por el mes de junio. Los jóvenes deberán entregar sus solicitudes durante los días del 30 abril al 4 de mayo y cualifican aquellos en las edades de 16 a 21 años.

1. ¿Qué están buscando los jóvenes?
2. Elige las **tres** frases correctas:
   a. Muchos jóvenes vienen solos.
   b. Muchos jóvenes hicieron cola desde las ocho.
   c. Las oficinas abrieron a las diez.
   d. Las oficinas abrieron a las ocho.
   e. Los jóvenes tuvieron que entrar en grupos.
   f. Las oficinas cubren 20 pueblos.
3. ¿Cuántos puestos hay?
4. ¿Cuánto tiempo dura el trabajo?

EXTRA

Find the Spanish for:
- to apply for summer jobs
- to collect/pick up
- to fill in
- to hand in

ENTERPRISE, EMPLOYABILITY AND FUTURE PLANS | **121**

WRITING

Escribe una carta formal solicitando uno de estos cuatro anuncios:
- Explica por qué quieres el trabajo
- Di cuándo puedes trabajar
- Da detalles sobre tu experiencia y tus estudios
- Haz dos preguntas sobre el trabajo

LISTENING

Listen to this interview with a young person who has spent the summer volunteering abroad.
1. Write **two** details about Rebecca's experience.
2. Write **one** detail about her colleagues.
3. Write **three** details about how she felt about the experience.

SPEAKING

Role play
- Ask your friend if they have a part-time job
- Say what you do to earn money
- Say how much pocket money you get
- Ask your friend how they spend their money
- Say what you bought at the weekend
- Say what sort of part-time job you would like to do

GRAMMAR

You might have to write a letter (formal **or** informal) in your Spanish exam, so it's really important to know how to start and end a letter properly. Remember that if you are writing a formal letter, you will need to use the **usted** form.

Starting a letter:
- In formal letters when you do not know the person use Muy señor mío/Muy señora mía/Muy señores míos or Estimado señor/Estimada señora/Estimados señores.
- If you know the name of the person you can use: Estimado Señor Pérez/Estimada Señora González.
- If you are writing an informal letter/e-mail to a friend use Querido/Querida/Queridos.

Formal ways to end a letter:
- A la espera de sus prontas noticias, le saluda atentamente,
- Sin otro particular, le saluda atentamente,
- Le saluda atentamente,
- Atentamente,

Slightly less formal endings:
- Un cordial saludo,
- Cordialmente,

In friendly personal letters, the following are often used:
- Un abrazo/un fuerte abrazo/un fuerte abrazo de tu amigo,
- Afectuosamente/Con (todo mi) cariño,
- Un beso/Besos,

6A EMPLOYMENT VOCABULARY GLOSSARY

el anuncio de trabajo	job advert
el aprendiz	apprentice
el aprendizaje	apprenticeship
el/la compañero/a (de trabajo)	work colleague
las condiciones de trabajo	work conditions
el consejo	advice
el contrato	contract
el contrato permanente	permanent contract
el contrato temporal	temporary contract
la cuenta bancaria	bank account
la cuenta de ahorros	savings account
el dinero	money
el dinero de bolsillo	pockey money
el/la empleado/a	employee
la empresa	firm, company
la experiencia	experience
la experiencia laboral	work experience
el horario de trabajo	working hours
las horas flexibles	flexible hours
el jefe	boss
el negocio	business
la orientación (profesional)	careers advice
el/la orientador/a (profesional)	careers advisor
la paga	pocket money
el personal	staff
las prácticas	work experience
la responsabilidad	responsibility
el sueldo	salary
la tarea	task
el/la trabajador/a	worker
el trabajo a tiempo completo	full-time job
el trabajo a tiempo parcial	part-time job
el trabajo de verano	summer job

ahorrar dinero	to save money
aprender mucho	to learn a lot
archivar	to file
buscar un trabajo	to look for a job
cobrar	to earn
contestar el teléfono	to answer the phone
escribir cartas	to write letters
estar bien/mal pagado/a	to be well/badly paid
ganar dinero	to earn money
gastar dinero	to spend money
hablar con los clientes	to speak with customers
hacer de canguro	to babysit
hacer un aprendizaje	to do an apprenticeship
lavar coches	to wash cars
levantarse temprano	to get up early
mandar correos electrónicos	to send e-mails
repartir periódicos	to deliver newspapers
ser amable	to be nice/kind
ser puntual	to be punctual
servir a los clientes	to serve customers
solicitar	to apply
solicitar un trabajo	to apply for a job
trabajar de camarero/a	to work as a waiter
trabajar de dependiente/a	to work as a shop assistant
trabajar de jardinero/a	to work as a gardener
trabajar de socorrista	to work as a lifeguard
vender	to sell
bien/mal pagado/a	well/badly paid
decepcionante	disappointing
desagradable	unpleasant
educativo/a	educational
esencial	essential
estresante	stressful
importante	important
inútil	useless
necesario/a	necessary
obligatorio/a	compulsory
útil	useful

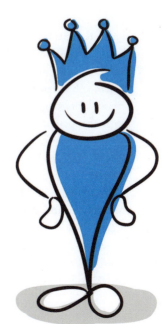

6B SKILLS AND PERSONAL QUALITIES (1)

READING

Read what Ximena says about herself. Answer the questions in English.

¿Cuáles son mis cualidades y mis defectos? Primero, me gusta expresar lo que pienso y siento en todas las situaciones que hay en mi vida. Soy una persona a la que le gusta conocer a mucha gente – creo que lo más esencial en la vida es poder comunicarse con los demás. En cuanto a mis defectos, tengo que admitir que me estreso rápidamente y que siempre me pongo de mal genio fácilmente. Me gustaría ser una mujer menos orgullosa e intentaré cambiar los rasgos que me molestan porque las personalidades de los trabajadores impactan directamente en el clima laboral.

1. Write down **one** of her qualities.
2. What does she think is the most important skill?
3. Write down **one** negative aspect of her personality.
4. What will she try to do?
5. What is her reason for this?

READING

Read this extract from the novel *75 consejos para sobrevivir en el colegio* by María Frisa. Answer the questions in English.

Capítulo 1: Descubre tu talento

A nuestra edad hay que probar todas las asignaturas. Lo importante es descubrir tus capacidades, porque está claro que ALGUNA TIENES QUE TENER. Nos lo <u>dijo</u> una psicóloga que <u>vino</u> a darnos una charla al colegio.

Después de la charla me <u>empecé</u> a agobiar un poco porque no sabía cuál era mi habilidad especial ¡y yo no quiero terminar trabajando un restaurante de comida rápida!

—*¿En qué crees que eres buena?*—le <u>pregunté</u> a Marina

<u>Seguí</u> pensando en qué cosas se me daban bien: ser buena amiga de mucha gente, sacar buenas notas sin estudiar casi, dormir muchísimas horas seguidas, comerme tres hamburguesas en cinco minutos ... Francamente, son cosas por las que no creo que me paguen un sueldo en el futuro.

1. What is the title of this chapter?
2. What should young people do?
3. Who came to visit the school?
4. How did the author feel after the visit? Why did she feel this way?
5. What did she want to avoid in the future?
6. Write down **three** things she is good at.
7. What is the problem with these 'skills'?

GRAMMAR

The **preterite** is used in this text to talk about things that are completed/finished. What do the underlined verbs in the text mean?

Remember that the **imperfect** is used to describe things in the past, to talk about what used to happen or to say what was happening at a period in time e.g. no sabía cuál era mi habilidad especial. Can you translate this sentence into English?

This sentence in the text has an example of the **preterite**, **gerund** and **imperfect**: seguí pensando en qué cosas se me daban bien. Can you translate this sentence into English?

There is also an example of the **subjunctive** in this text. Can you find it?

EXTRA

Can you find out what the following mean?
- una charla
- agobiar
- capacidad/habilidad
- probar

ENTERPRISE, EMPLOYABILITY AND FUTURE PLANS | 125

LISTENING

Escucha a la entrevista y responde a las preguntas en español.

1. ¿De qué están hablando?
2. Escribe **tres** cualidades positivas del candidato.
3. El candidato tiene miedo de …
   a. tomar riesgos
   b. hablar en público
   c. trabajar solo
4. ¿Por qué a veces tarda en hacer el trabajo?
   a. Porque no entiende el trabajo
   b. Porque no le importa
   c. Porque los detalles son muy importantes

EXTRA

What is the candidate trying to do?

SPEAKING

Role play

- Give two of your positive characteristics
- Say what languages you speak
- Say what skills you would like to learn in the future
- Ask your friend what sort of person they are
- Ask your friend what sort of work they like doing
- Say what you learned at school yesterday

WRITING

Translate the following into Spanish:

Team work is one of the most valued skills. Employees with competitive personalities don't usually work well with other people. I would like to find a job in a creative environment. I used to be shy when I was younger but now I have more self-confidence.

GRAMMAR

You can use the structure **darse bien a** to say what you are good or not good at e.g. **se me da bien** motivar a mi equipo (I am good at motivating my team), **no se me dan bien** los detalles (I'm not good at details).

6B SKILLS AND PERSONAL QUALITIES (2)

Lee lo que dicen estos jóvenes sobre sus preferencias de trabajo. Elige la persona correcta para cada trabajo.

Amina: Prefiero establecer rutinas y trabajar con datos y detalles mucho más que con ideas.

Iker: Disfruto las actividades prácticas con el uso de herramientas y maquinaria.

Aitana: Me interesan las ocupaciones que requieren estar en contacto con diversos públicos.

Luciano: Lo más importante para mí es el reto de iniciar proyectos porque me encanta tomar riesgos.

Dani: Prefiero liderar grupos y tomar muchas decisiones.

Pepa: Necesito expresarme y trabajar sin reglas fijas.

1. Ingeniero
2. Emprendedor
3. Diseñador
4. Organizador de eventos
5. Analista de sistemas
6. Gerente

Find the Spanish for:
- to establish routines
- to work with facts
- to take risks
- to lead
- to express myself

There are several useful **infinitives** in this text. Remember that infinitives of **reflexive verbs** have **se** on the end e.g. expresarse. If you are talking about yourself, this changes to **me** e.g. necesito expresarme. If you are talking to someone else, use **te** e.g. necesitas expresarte.

Translate the following paragraph into English:
El lugar de trabajo está lleno de gente que tiene diferentes personalidades y ambiciones. Entender qué tipo de personalidad tienes es muy útil. Puedes descubrir cómo te adaptarás al ambiente dentro de una organización, y cómo responderás a las exigencias del empleo.

Listen to the advice given in a careers lesson. Answer the questions in English.
1. What skill is the teacher discussing?
2. What is the first piece of advice given?
3. What does the teacher say can motivate you?
4. Write down **three** places the teacher suggests putting this skill into practice.
5. What homework does the teacher set?

In the listening exercise you will hear the **imperative** in the vosotros form. For more information on this see page 229.

Escribe una frase para cada trabajo, explicando las habilidades o las cualidades personales que se necesitan:
- Abogado
- Médico
- Profesor
- Piloto
- Arquitecto

READING

Read the article about different personality types.

Las personas que tienen personalidades de …

Tipo A
… no se molestan por los detalles. Están muy orientadas hacia el objetivo y son prácticas en su forma de solucionar los problemas. Tienden a ser líderes.

Tipo B
… valoran ser reconocidos por sus logros pero pueden pasar más tiempo socializando con sus colegas que haciendo su trabajo. Los puntos fuertes de este tipo de personas son el entusiasmo y la capacidad de influenciar a otros y de aceptar el cambio.

Tipo C
… son muy detallistas y se preocupan por ser correctas; se interesan por la lógica, la racionalidad y la precisión. Siempre quieren tener el control de todas las situaciones.

Tipo D
… necesitan estabilidad y rutina. Estas personas son las más resistentes al cambio de todos los tipos de personalidades. Se sienten cómodos haciendo la misma tarea por largos periodos de tiempo y no se llevan bien con el desorden.

Choose the correct personality type for each statement.

1. They can influence other people.
2. They like to be right all the time.
3. They like to be in charge.
4. They don't like change.
5. It's important for them to be in control.
6. They are very sociable.
7. They don't mind doing the same things over and over.
8. They don't worry about details.
9. They don't have a problem with change.
10. They don't like mess.

EXTRA

Answer the following questions orally or in writing: ¿Qué tipo de personalidad tienes? ¿Por qué?

Photo card   **SPEAKING**
- Describe la foto/¿De qué trata esta foto?
- ¿Cuáles son las características de un buen empleado? ¿Por qué?
- Creo que es importante hablar una lengua extranjera. ¿Estás de acuerdo?
- ¿Qué tipos de habilidades profesionales te gustaría aprender?
- ¿Qué se debería hacer para tener éxito en el mundo laboral?

GRAMMAR

- Remember that **que** (who/what/that/which) can refer to people or things. You can use **que** to give more information about someone or something e.g. mi trabajo, **que** hago los fines de semana, paga muy bien (**que** here means *which*).
- After a preposition you need to use **quien** (who) to refer to a person instead e.g. no me gusta el compañero **con quien** trabajo (con quien here means *with whom*).
- You use **lo que** (what) to refer to a general idea e.g. **lo que** es bueno de mi trabajo es el sueldo (the good thing about my job is the salary).
- The pronouns **el que/la que/los que/las que** are used after prepositions to refer to both people and things e.g. mi compañero, **el que** es muy inteligente, me enseñó mucho (my colleague, **the one who** is very intelligent, taught me a lot).
- You might sometimes see **el cual/la cual/los cuales/las cuales** to mean the same thing in more formal written Spanish.

6B SKILLS AND PERSONAL QUALITIES (3)

READING

Read the top ten qualities that employers are looking for. Match 1–10 to a–j.

Las 10 cualidades o factores más importantes para demostrar en el trabajo:

1. Actitud positiva hacia el trabajo y la vida
2. Facilidad para la comunicación
3. Capacidad para relacionarse con los demás
4. Auto-confianza
5. Capacidad de análisis y resolución de problemas
6. Adaptabilidad
7. Auto-motivación
8. Liderazgo
9. Trabajo en equipo
10. Conocimientos en el área específica

a. Self-motivation
b. Ability to analyse and resolve problems
c. Team working
d. Positive attitude
e. Specific knowledge
f. Adaptability
g. Ability to communicate
h. Leadership
i. Ability to get on well with others
j. Self-confidence

Remember that you will need to use all these skills and qualities to talk about yourself. Typical questions that you might be asked are: ¿Cuáles son tus cualidades personales? or ¿Cuáles son tus habilidades? You could also be asked what your positive and negative points are. Make sure that you can produce answers for all of these questions. Think about ways of extending your responses or answering more difficult questions about your skills and personal qualities using different tenses e.g. ¿Qué tipo de persona eras en el pasado? ¿Qué cualidades te gustaría tener?

READING

Lee estos consejos para facilitar la búsqueda de trabajo. Rellena los espacios con las palabras correctas.

¿Quieres saber qué esperan encontrar los encargados de recursos humanos?

1. Resultados y liderazgo:
   Cada vez interesan menos las experiencias o _____ (1) pasados, **los reclutadores se muestran más atraídos hacia quienes prueben logros del presente**. Si tienes _____ (2) o reconocimientos, asegúrate de que los reclutadores lo sepan. Además, los nuevos empleados tienen que mostrar _____ (3) de liderazgo.

2. Habilidades y educación:
   Es importante _____ (4) que eres **capaz de cumplir con tus obligaciones académicas en el tiempo estipulado**. Asimismo, es _____ (5) que muestres interés en seguir aprendiendo sobre todo lo vinculado a tu profesión.

3. Ideas, iniciativa y actitud:
   La actitud es lo más importante en una _____ (6) de trabajo. **Los empleadores buscan profesionales entusiastas y positivos,** que tengan la suficiente _____ (7) para proponer ideas innovadoras. Las reglas del mercado exigen un mayor _____ (8) de tu parte.

necesario	hacer	esfuerzo
creatividad	trabajo	habilidades
creativo	entrevista	premios
necesarios	demostrar	cursos

EXTRA

Translate the three phrases in bold into English.

ENTERPRISE, EMPLOYABILITY AND FUTURE PLANS | 129

 LISTENING

Listen to this advert for a course to help improve your skills. Answer the questions in English.

1. What is the subject of the course?
2. Give **three** details about the course content.
3. What help will the course give you with finding a job? Give **two** details.
4. How many hours a week is the course?
5. How long does the course last?
6. What do you need to do before the course starts? Why?

 WRITING

Escribe un párrafo en español sobre los temas siguientes:
- Tus cualidades personales y tus habilidades
- Tus puntos débiles
- Lo que te gustaría aprender en el trabajo

 EXTRA

- Cómo has cambiado en los últimos cinco años

SPEAKING

Conversation
- ¿Qué cualidades personales tienes?
- ¿Qué habilidades necesitas para tu trabajo ideal?
- ¿Prefieres trabajar en equipo o trabajar solo? ¿Por qué?
- ¿Qué tipo de trabajo te gustaría hacer en el futuro.
- ¿Crees que es importante llevarse bien con su jefe? ¿Por qué?
- ¿Cómo se podría mejorar las habilidades para tener éxito?

 GRAMMAR

Some verbs in Spanish need to be followed by a particular **preposition**. Here are some useful verbs for talking about this sub-theme:

- animar/motivar **a** – to encourage to
- ayudar **a** – to help to
- empezar **a** – to begin to
- hablar **con** – to speak to
- terminar **de** – to stop
- disculparse **por** – to apologise for
- olvidarse **de** – to forget to
- negarse **a** – to refuse to
- confiar **en** – to trust

6B SKILLS AND PERSONAL QUALITIES VOCABULARY GLOSSARY

agradable	pleasant
alegre	happy, cheerful, lively
amable	nice, friendly
animado/a	lively
antipático/a	not nice
artístico/a	artistic
astuto/a	crafty, cunning
atento/a	helpful
atrevido/a	cheeky
bonito/a	pretty, beautiful, handsome, nice
brillante	bright
comprensivo/a	understanding, sympathetic
conocido/a	(well-)known
creativo/a	creative
da rabia	stupid, annoying
de buen/mal humor	in a good/bad mood
débil	weak
delgado/a	thin/slim
descarado/a	cheeky
directo/a	straight
divertido/a	amusing, funny, cheerful
encantador/a	sweet
enfadado/a	angry
engreído/a	conceited, arrogant
envidioso/a	envious
estricto/a	strict
famoso/a	famous
feliz	merry, happy
femenino/a	feminine, female
feo/a	ugly
fuerte	strong
gordo/a	fat
gracioso/a	cheerful, humorous
grande	big
guapo/a	good looking

hablador/a	talkative
hermoso/a	handsome, nice
humorístico/a	humorous
inteligente	intelligent
limpio/a	clean
listo/a	bright, clever
llamarse	to be called
malo/a	bad
marrón	brown
masculino/a	masculine, male
mediano/a	medium sized
modesto/a	modest
molesto/a	annoying
nacido/a	born
nervioso/a	nervous
ordenado/a	tidy, respectable
orgulloso/a	proud
oscuro/a	dark
perezoso/a	lazy
pesado/a /irritante	annoying
popular	popular
presuntuoso/a	arrogant
puntual	punctual
quieto/a	quiet, still
rápido/a	fast
recto/a	straight
redondo/a	round
rizado/a	curly
seguro/a de sí mismo/a	confident
sensible	sensitive
serio/a	serious
severo/a	strict
simpático/a	likeable, friendly
sociable	sociable
tímido/a	shy
tonto/a	daft, stupid
trabajador/a	hardworking
tranquilo/a	calm, cool, quiet, still
triste	sad
viejo/a	old
vivo/a	crafty, cunning

6A EMPLOYMENT
6B SKILLS AND PERSONAL QUALITIES
GRAMMAR IN CONTEXT

1. INTERROGATIVES
Complete each question with a different question word.

1. ¿_____ tipo de trabajo te interesa?
2. ¿_____ son tus asignaturas preferidas?
3. ¿_____ es el jefe?
4. ¿_____ viajaste al trabajo ayer?
5. ¿_____ horas trabajas al día?
6. ¿_____ hiciste tus prácticas de trabajo?

> It's really important to keep revising question words (interrogatives) – remember that you will have to answer unpredictable questions in your speaking exam and you will also have to ask a question as well.

2. INTERROGATIVES WITH PREPOSITIONS
Translate these questions into English.

1. ¿En qué consiste el trabajo?
2. ¿De qué estás hablando?
3. ¿Con quién prefieres trabajar?
4. ¿A qué hora empieza el trabajo?
5. ¿Para qué quieres hablar con el jefe?
6. ¿De quién es este bolígrafo?

> Remember that some questions require a preposition with the verb – the prepositions usually come at the start of the question.

ENTERPRISE, EMPLOYABILITY AND FUTURE PLANS | **133**

3. QUESTIONS IN DIFFERENT TENSES

Identify the tense used in each question and translate it into English. Then write an answer to the question in the same tense as the question.

1. ¿Qué hiciste para tus prácticas laborales?
2. ¿Qué tipo de trabajo te gustaría hacer?
3. ¿Dónde trabajarás el año que viene?
4. ¿Cuántas horas trabajaste la semana pasada?
5. ¿Qué hacías durante tu experiencia laboral?
6. ¿Vas a buscar un trabajo a tiempo parcial?

> You will have to ask a present tense question in your role play, but you have to talk about events in the past, present and future in the photo card discussion and conversation. It's really important that you recognise questions in different tenses.

4. USTED

Translate these sentences into Spanish using the **usted** form.

1. Thank you for your letter.
2. I am writing to you to apply for the job.
3. Do you like your job?
4. You spoke well in your presentation.

> Remember that if you are addressing someone as *you*, but you don't know them or they are older than you, then you need to use **usted** for one person or **ustedes** for more than one person. You use the third person singular form (*él/ella*) for **usted** and the third person plural form (*ellos/ellas*) for **ustedes**. You also need to use **su/sus** for *your* and **le/les** for *to you*.

5. REVISING THE PRETERITE AND THE IMPERFECT TENSE

Copy and complete the sentences with the **yo** form of the verb in either the **preterite** or the **imperfect tense**.

1. Ayer _____ (ir) al trabajo temprano porque _____ (tener) una reunión.
2. Normalmente _____ (contestar) el teléfono y _____ (mandar) correos.
3. En el pasado no _____ (tener) mucha confianza y _____ (ser) más tímido.
4. _____ (hacer) un curso de inglés el año pasado y _____ (ser) interesante.

> It is essential to keep revising your tenses. Although the **preterite** is the past tense you will use the most often, it's also a good idea to use the **imperfect tense** in your answers to show that you can use a range of structures.

6. VERBS WITH PREPOSITIONS

Complete these sentences with the appropriate preposition.

1. Necesito hablar _____ el jefe.
2. He olvidado _____ mandar el correo.
3. Confío _____ mis compañeros de trabajo.
4. Mis colegas me ayudan _____ hacer el trabajo.
5. Me disculpo _____ el retraso.
6. Me encanta cuidar _____ los niños.

> Remember that some verbs in Spanish need to be followed by a preposition. Don't forget that you always need the **personal a** when the object of the verb is a person.

THEME: IDENTITY AND CULTURE

UNIT 3

CUSTOMS AND TRADITIONS

7A FOOD AND DRINK (1)

Read what these young people say about cooking. Choose the correct person.

Fede: Mi especialidad en la cocina es quemar las cosas.

Stefán: La única cosa que hago bien es pan tostado y de vez en cuando un huevo frito.

Alfonso: Me encanta tratar de seguir las recetas de mi abuela.

Adrián: Considero que la comida sabe mejor cuando la prepara otra persona.

Matilda: Lo que prefiero hacer es inventar algo con los ingredientes que tengo a mano.

Afsana: Me gusta cocinar para los demás y que disfruten con los platos que hago.

Who …?

1. … is a creative chef
2. … loves making traditional food
3. … burns everything
4. … loves cooking for other people
5. … prefers other people's food
6. … only cooks basic things

Answer these questions orally or in writing: ¿Es importante aprender a cocinar? ¿Por qué (no)?

It's really important to be able to express opinions on all the sub-themes. Try to include some of these phrases in your Spanish to extend your sentences:

- **a mi modo de ver/a mi parecer** (in my opinion)
- **por mi parte** (for my part)
- **desde mi punto de vista** (from my point of view)
- **es cierto/claro que …** (it's certain/clear that …)
- **tengo que decir/admitir que …** (I have to say/admit that …)
- **la verdad es que …** (the truth is that …)
- **de todos modos/de todas maneras/formas** (in any case, anyway)

Read the news article and answer the questions in English.

El sector de la comida preparada está experimentando en España <u>un crecimiento continuado</u>, debido a los nuevos estilos y hábitos de vida de la población.

Los fabricantes de platos preparados (platos listos para comer, y que sólo necesitan pasar un instante por el microondas o por la sartén) tienen claro que quienes desgustarán sus productos son personas jóvenes, urbanas y con poco tiempo libre. No saben cocinar o <u>no tienen tiempo ni ganas para hacerlo</u>. Por otra parte, el cambio de valores hace que una persona ocupada prefiera dedicar su tiempo libre a otras actividades de ocio en vez de pensar en lo que comerá al día siguiente, comprar los ingredientes y cocinar.

Cada año se consumen casi 500 millones de kilos de platos precocinados que <u>están haciendo sombra a productos tradicionales</u> como las legumbres, cuyo consumo ha bajado un 12% en los últimos años. Cada español gasta al año 39,93 € en alimentos precocinados y tiene un consumo medio de 10,07 kgs y <u>la pizza y la lasaña continúan siendo los platos preferidos de los preparados.</u>

1. What type of food is the report about?
2. Why is the popularity of this food increasing?
3. Who usually eats this type of food?
4. Give **three** reasons why people eat this type of food.
5. Give **two** details about what they don't want to do.
6. What has become less popular as a result?

Translate the underlined phrases into English.

CUSTOMS AND TRADITIONS | **137**

LISTENING

Eschucha este reportaje sobre el concurso de televisión *Top Chef*. Elige las respuestas correctas.

1. El concurso duró …
   a. 14 días
   b. 14 semanas
   c. 25 semanas
2. El número de espectadores en el jurado …
   a. 25
   b. 30
   c. 14
3. Los finalistas cocinaron …
   a. tres platos
   b. un plato principal
   c. dos platos
4. El ganador recibió …
   a. 30,000 €
   b. 100,000 €
   c. 300,000 €
5. El valor de la cocina nueva …
   a. 30,000 €
   b. 100,000 €
   c. 300,000 €
6. El ganador tiene la oportunidad de …
   a. publicar un libro
   b. publicar una receta
   c. firmar libros

SPEAKING

Conversation
- ¿Te gusta cocinar? ¿Por qué (no)?
- ¿Es importante probar comida diferente? ¿Por qué (no)?
- ¿Qué comida o bebida española te gustaría probar? ¿Por qué?
- ¿Qué vas a comer y beber esta noche?
- Describe una cena especial que comiste recientemente.
- ¿Crees que los turistas deberían probar la comida típica de la región? ¿Por qué (no)?

WRITING

Escribe un artículo para un blog sobre los platos típicos. Da información, ejemplos y *justifica* tu opinión sobre:
- La importancia de los platos típicos
- Tu plato preferido y las razones
- Lo que comerías para una cena especial

GRAMMAR

Both **también** and **tampoco** are used when you are agreeing with what someone says or to show that you do the same thing or feel the same way. You use **también** to show agreement with a **positive** statement and **tampoco** to show agreement with a **negative** statement. **Tampoco** is also used to mean *neither* or *not … either* e.g. no me gustan el arroz ni la pasta **tampoco** (I don't like rice or pasta either).

It's really important to revise **negatives** to add more detail to your Spanish. See page 220.

7A FOOD AND DRINK (2)

Read the following information taken from different restaurant websites.

a. En la planta baja hay una barra con una amplia carta de pinchos y raciones.
b. Cinco comedores que se ajustarán a sus necesidades a la hora de celebrar bodas, fiestas, convenciones …
c. Podrá disfrutar de nuestros renovados jardines.
d. No te vayas sin probar nuestros helados.
e. Una amplia selección de comida vegetariana.
f. Actuaciones en directo todos los viernes.
g. Comida para llevar.
h. Nos adaptamos a cualquier bolsillo.

Choose the correct restaurant for the following statements.

1. I love desserts.
2. I prefer to eat at home.
3. I only want a snack.
4. I'd like to eat outdoors.
5. I don't have much money.
6. I want to organise a surprise party.
7. I enjoy listening to music in restaurants.
8. I don't eat meat.

Lee este comentario sobre un restaurante. Elige las cinco frases correctas.

El mejor restaurante en el que he estado
Nos animamos a ir a cenar tras leer las críticas tan positivas que encontramos en Internet y llevaba <u>unas expectativas altísimas</u> de este restaurante. ¡La verdad es que no nos decepcionaron!

Es un sitio pequeñito, muy bonito y acogedor. Cierto es que <u>no es el sitio más cómodo</u> para comer pero por la comida y la atención <u>merecen la pena</u>. El servicio es muy bueno y personal y nos dieron muy buenas recomendaciones de platos y bebidas. <u>La comida es riquísima</u> y disfrutamos del ambiente auténticamente español. Y pese a ser un sitio elegante no es muy caro. Es complicado conseguir sitio, eso sí. Recomiendo reservar ya que <u>siempre hay muchísima gente</u>.

Creo que nunca había salido tan contenta de un restaurante – ¡para mí se ha convertido en mi número uno!

1. Leyó comentarios antes de ir al restaurante.
2. Reservó su mesa en Internet.
3. El restaurante es muy grande.
4. El restaurante es pequeño y un poco incómodo.
5. El restaurante tiene un ambiente internacional.
6. Los camareros le ayudaron mucho.
7. No es necesario reservar una mesa.
8. Es un restaurante elegante y caro.
9. Es un restaurante muy popular.
10. Le encantó el restaurante.

EXTRA
Translate the underlined phrases into English.

The verb **decepcionar** means *to disappoint* and it can be used in different ways such as **decepcionar a** (to disappoint someone) e.g. el restaurante no quiere decepcionar a sus clientes (the restaurant doesn't want to disappoint its customers).

It is also used as a reflexive verb **decepcionarse** which means *to be disappointed* e.g. nos decepcionamos con el servicio (we are disappointed with the service).

If you look at the example in the first paragraph in this text, no nos decepcionaron, the literal translation is *they did not disappoint us*, but in English we would most likely translate it as *we were not disappointed* which would mean the same thing in this context.

Translate the following into English:

El placer de visitar España no solamente se basa en el turismo sino en la gastronomía. España ofrece una amplia gama de platos y bebidas. Algunos de los mejores vinos españoles son inolvidables pero la sangría, una mezcla de frutas y vino, es la más conocida de las bebidas típicas de España.

LISTENING

Listen to this unhappy restaurant customer. Choose the correct answers.

1. The restaurant was …
   a. busy
   b. full
   c. empty
2. How long did they wait for drinks?
   a. 10 minutes
   b. 15 minutes
   c. 20 minutes
3. How long did they wait for food?
   a. 40 minutes
   b. 20 minutes
   c. 30 minutes
4. What did she order?
   a. Steak
   b. Hamburger
   c. Pasta
5. How many times did she send it back?
   a. 5
   b. 3
   c. 4
6. What else did she order?
   a. Salad
   b. Chips
   c. Garlic bread

EXTRA

Why did she send her food back?

SPEAKING

Role play
- Say what you like to eat
- Say what food you would like to try
- Ask your friend what their favourite food is
- Ask your friend if they like going to restaurants
- Say if you like cooking and why
- Say what you had for dinner yesterday

WRITING

Escribe un comentario para un sitio web sobre una visita reciente a un restaurante. Puedes dar más detalles, pero tienes que incluir:
- La ubicación del restaurante
- Lo que comiste y bebiste
- La atención del personal
- Tu opinión

EXTRA

- Si recomendarías el restaurante o no, y las razones

GRAMMAR

You know that **pero** means *but* in Spanish, but it isn't the only word that is used.

You use **sino** to mean *but rather* or *but on the other hand* (i.e. instead) e.g. no voy al restaurante, sino ceno en casa (I'm not going to the restaurant, instead I'm having dinner at home).

You will see **sino** most often in the structure **no sólo … sino también …** (not only … but also …) e.g. no sólo es muy elegante, sino también es caro (it's not only stylish but also expensive).

Sometimes in English you might use *but* to mean *except* but this isn't the case in Spanish. You use **menos/except/salvo** to mean *except* e.g. todos tenían hambre excepto Jorge (everyone was hungry except Jorge).

7A FOOD AND DRINK (3)

Lee este artículo y rellena los espacios con las palabras correctas.

Paella, sangría, tapas, más bares por habitante que en casi cualquier país del _____ (1), horarios locos-locos-locos ... ¿Cuáles son los _____ (2) del resto del mundo cuando se habla de la _____ (3) española? Hay algunos prejuicios de los que no nos va ser fácil escapar ...

1. La paella es nuestra comida _____ (4). No, es la comida típica en la Comunidad Valenciana. Cada _____ (5) tiene su gastronomía y sus propios _____ (6).
2. _____ (7) sangría constantemente. En realidad _____ (8) el vino o la cerveza, mientras que la sangría suele ser más popular entre los extranjeros.

región	mundo	bebemos
preferimos	cocinar	opiniones
típica	gastronomía	
platos	estereotipos	

EXTRA

Find the Spanish for:
- in almost any other country
- there are some prejudices
- in reality
- it is usually more popular with foreigners

Read this extract from the novel *Chef junior y el libro de las recetas con cuento* by César López. Answer the questions in English.

Para no aburrirse, Daniel se acercó a curiosear unos libros que había a la entrada del restaurante. Era toda una estantería repleta de libros de cocina. Los títulos eran muy extraños: *Secretos de la cocina del mercado, Mil y una maneras de freír un pescado.*

—¿Libros sobre pescado? se preguntó Daniel. ¿A quién se le ocurre escribir sobre esa repugnancia?

No eran más que aburridos libros de cocina, un mundo que a Daniel no le interesaba. Ni la cocina ni la comida que salía de ella. Sin embargo, hubo un volumen que llamó su atención porque estaba a la altura de sus ojos y tenía unos bonitos dibujos. Se sentó en el sillón, junto a la ventana. Y, por primera vez en su vida, comenzó a leer un libro de recetas.

1. Where was the bookshelf?
2. What sort of books were they?
3. Translate the two book titles into English.
4. What was Daniel's opinion about these books in general?
5. Why did one particular book catch his attention?
6. What did he do next?
7. What was remarkable about this?

You can use **para + infinitive** to mean *in order to*. In this text you see it used as para no aburrirse which literally means *in order to not get bored*, but

SPEAKING

Photo card
- Describe la foto/¿De qué trata esta foto?
- ¿Qué tipo de comida prefieres? ¿Por qué?
- Creo que los restaurantes son demasiado caros. ¿Estás de acuerdo?
- Describe la última vez que fuiste a un restaurante.
- ¿Cómo sería tu cena ideal? ¿Por qué?

a more realistic translation here would be *so that he didn't get bored*.

You are most likely to use **para + infinitive** when ordering food in a restaurant e.g. para beber …, para empezar …

You know that **reflexive verbs** are commonly used in Spanish to indicate an action that you do to yourself – you see these most often when talking about daily routine e.g. me ducho. Although this technically means *I shower myself*, we wouldn't always translate reflexive verbs into English literally. Verbs which are not normally reflexive like preguntar can be made reflexive – in the text you can see se preguntó Daniel which means *Daniel asked himself* or *Daniel wondered*.

Remember that you also see common phrases used with **reflexive verbs** e.g. se puede + *infinitive* (you can …), se debe + *infinitive* (you must …), se dice que (it is said that …). You can also use a **reflexive verb** in the third person to avoid using the passive in Spanish e.g. se aceptan tarjetas de crédito (credit cards are accepted), se habla inglés (English is spoken). For more information on reflexive verbs see page 219.

Translate the following into Spanish:
1. I prefer to adapt recipes from cookery books.
2. Cooking is an important part of the culture of any country.
3. My grandmother says there is only one correct way of preparing a traditional dish.
4. If I have more free time, I will learn to cook.
5. Yesterday my brother cooked a delicious dinner for us.

Cualquier is a Spanish adjective that means *any* or *any one* e.g. me gusta cualquier tipo de comida (I like any type of food).

Listen to this radio report and answer the questions in English.
1. What does the report recommend people should do?
2. How often should they do it?
3. Write down **one** of the advantages mentioned.
4. What should be avoided?
5. What **two** benefits does this have for children?

Answer the following questions orally or in writing: ¿Crees que es importante comer en familia? ¿Por qué (no)?

7A FOOD AND DRINK VOCABULARY GLOSSARY

el agua (fem.)	water
el agua mineral (fem.)	mineral water
las albóndigas	meatballs
el almuerzo	lunch, midday meal
el ambiente	atmosphere
el apetito	appetite
el asado	roast, joint
el azúcar	sugar
la bandeja	tray
el bar	bar, snack bar
la bebida	drink
el bocadillo	sandwich
el bombón	sweet, chocolate
la botella	bottle
el café	coffee
la cafetería/el café	bar, snack bar
la caja	carton, box
los calamares	squid
el caramelo	sweet
la carne	meat
la cena	evening meal
la cerveza	beer
el chicle	chewing gum
el chocolate	chocolate
el chorizo	Spanish sausage
la chuleta	chop, cutlet
la cocina	cooker, cooking (cuisine), kitchen
los comestibles	groceries
la comida	meal, food
los cubiertos	cutlery
la cuchara	spoon
el cuchillo	knife
el desayuno	breakfast
la ensalada	salad

los entremeses	hors d'oeuvres/starters
el estofado/el guiso	stew
el flan	crème caramel
la fruta	fruit
la galleta	biscuit
las gambas	prawns
gazpacho	gazpacho
el hambre	hunger
el helado	ice cream
la hierba	herb, plant
el (horno) microondas	microwave
el huevo	egg
los huevos revueltos/fritos	scrambled/fried eggs
el kilo	kilogram
la lata	can, tin
la leche	milk
la lechuga	lettuce
las legumbres	vegetables
la mantequilla	butter
los mariscos	shellfish/seafood
el menú (del día)	(set) menu
la mermelada	jam
la mostaza	mustard
la nata	cream
la olla	pot
la paella	paella
el pan	bread, loaf
el panecillo	bread roll
el paquete	pack(et)
el pastel	cake
la patata	potato
la patata asada/frita	roast/fried potato
las patatas fritas	chips, fries, crisps
el pescado	fish
el plato	plate
el primer plato	first course
el pollo	chicken
el postre	dessert, sweet, pudding
el pulpo	octopus
el queso	cheese
la ración	portion

la receta	recipe
la sal	salt
la salchicha	sausage
la salsa	sauce
el/la sartén	(frying) pan
la sed	thirst
el segundo plato	main course
la sopa	soup
las tapas	snacks
la tarta	flan, tart
la taza	cup
el tenedor	fork
la tortilla española	Spanish omelette
la tortilla francesa	omelette
la vajilla	crockery
el vaso	glass, jar
las verduras	green vegetables
el vino	wine
el yogur	yoghurt
el zumo/el jugo	juice
almorzar	to have lunch
asar	to roast
asar a la parilla	to grill
beber	to drink
cenar	to have dinner
cocinar	to cook
comer	to eat
desayunar	to have breakfast
freír	to fry
probar	to try
saber (a)	to taste (of)
servir	to serve
tener hambre	to be hungry
tener sed	to be thirsty

agrio/a	sour
amargo/a	bitter
delicioso/a	delicious
dulce	sweet
fresco/a	fresh
grasiento/a	greasy
jugoso/a	juicy
picante	spicy
sabroso/a	tasty
salado/a	salty

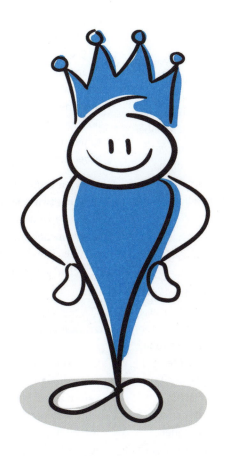

7B FESTIVALS AND CELEBRATIONS (1)

Read this advert for the Fiestabus and answer the questions in English.

¡Reserva tu ruta personalizada ya!
Las despedidas de soltera y soltero ya son un clásico en Fiestabus. <u>Más de 1000 novios y novias han dicho adiós a sus días de soltería con nosotros.</u>

Elige uno de nuestros circuitos con tapas y copas incluidas y discotecas sin colas y con entrada VIP. Tú decides donde te recogemos, en el colegio, tu instituto, tu casa … y al terminar te dejamos donde nos digas.

Y además, después de la fiesta te enviaremos fotos y vídeos de la despedida para que sólo tengáis que ocuparos de pasarlo bien. Y por supuesto de conducir toda la noche, nos encargamos nosotros.

1. What type of party is the advert for?
2. Give **three** things that are included.
3. Where will the bus drop you off and pick you up?
4. What will you get after the party?

The underlined sentence in the text is in the **perfect tense**. Can you translate it into English? Remember that the perfect tense is used to say what you *have done* and is formed with the present tense of the verb **haber + past participle**. The past participle is really important as it is also used as an adjective. See page 227.

Read the article and answer the questions in English.

¿Celebrar una fiesta de cumpleaños para tu perro?
Ya sea que quieras recordar la fecha real de su nacimiento o el día en que llegó a tu casa, celebrar la fiesta de cumpleaños de tu perro puede ser una opción divertida y agradable para tu mascota.

<u>Elegir una buena ubicación dependerá de diferentes factores</u>, como la época del año, el número de invitados y claro, el tamaño de los perros que asisten.

Si tienes un patio grande, <u>no deberías tener ningún problema</u> y puedes hacerlo en tu casa. Si vives

en apartamento, lo mejor, para no molestar a tus vecinos, es que encuentren un parque cerca de casa.

Si estás buscando que tu perro y sus invitados no se aburran, debes planear un par de juegos divertidos para entretenerlos. <u>Si quieres ir un poco más allá</u> y dotar de originalidad el cumpleaños, puedes organizar un show de talentos. ¿Cómo? Pues bien, seguramente tu perro y quizás alguno de sus amigos saben trucos especiales.

1. What is this article about?
2. What **two** days might you choose to celebrate?
3. Give **two** factors that you might take into account when choosing a venue.
4. What should you do if you live in a flat? Why?
5. What activity is suggested?

EXTRA

Translate the underlined sentences into English.

Can you find examples of the **subjunctive** in these two reading texts? The **subjunctive** shouldn't affect your understanding of these texts but it's helpful to be able to recognise it. Can you explain why it is used in any of the examples you have found? See page 229 for more information.

LISTENING

Escucha este anuncio para una fiesta de cumpleaños. Elige la respuesta correcta.
1. Precio por niño ...
   a. 18 €   b. 12 €   c. 2 €
2. Tipo de fiesta ...
   a. minigolf   b. cine   c. bowling
3. Horario de las fiestas
   a. 15h–17h   b. 12h–21h   c. 17h–21h
4. Número mínimo de niños
   a. 10   b. 12   c. 6
5. Hay que pagar un depósito de ...
   a. 21 €   b. 80 €   c. 50 €

EXTRA

¿Qué está incluido en la fiesta?

WRITING

Escribe al menos una frase sobre los temas siguientes:
- Tu opinión de las fiestas
- Lo que haces normalmente para celebrar tu cumpleaños
- Lo que hiciste el año pasado para tu cumpleaños
- Como celebrarás tu cumpleaños próximo
- Tu cumpleaños ideal

GRAMMAR

Remember that you can use **si sentences** to improve your Spanish.

You can use **si + present tense** followed by **future** (or **immediate future**) e.g. si tengo suerte, recibiré muchos regalos.

The more complex **si sentence** is **si + imperfect subjunctive** followed by **conditional** e.g. si tuviera mucho dinero, tendría una fiesta enorme. See page 231 for details.

For both of these constructions, you need to revise the **future tense**, **immediate future** and **conditional tense**.

SPEAKING

Photo card
- Describe la foto/¿De qué trata esta foto?
- ¿Prefieres celebrar tu cumpleaños con tus amigos o con tu familia? ¿Por qué?
- Creo que las fiestas de cumpleaños son demasiado caras. ¿Estás de acuerdo?
- Háblame de la última fiesta a la que fuiste.
- ¿Cómo sería tu cumpleaños ideal?

7B FESTIVALS AND CELEBRATIONS (2)

READING

Read the list of things you should take to a festival. Match 1–10 to a–j.

¿Vas a un festival este verano? ¿Qué no debes olvidar?

1. Tu pulsera de entrada
2. Crema para el sol
3. Gafas de sol y/o sombrero o gorra
4. Tu móvil
5. Tapones para los oídos (para dormir en la zona de acampada y para los conciertos)
6. Una copia de tu DNI o pasaporte (guárdala durante el festival en un sitio diferente al original)
7. Linterna para la zona de acampada
8. Un mini botiquín de medicamentos
9. Una toalla de playa
10. Un abrigo ligero para las noches

a. Torch
b. Beach towel
c. Identification
d. Sun cream
e. First-aid kit
f. Wristband
g. Light jacket
h. Phone
i. Sunglasses or sun hat
j. Ear plugs

EXTRA

Translate the two questions in bold into English.

READING

Translate the following paragraph into English:

El festival se celebra el último sábado del mes de agosto. No hay nada mejor que acampar con amigos y escuchar música en vivo. Mis padres me dejarán ir con mis amigos por primera vez. ¡Va a ser un fin de semana inolvidable!

LISTENING

Listen to this interview with the organiser of the SanSan Festival in Spain. Write the information required in English.

Dates of the festival:
Entry price:
Number of festival goers expected:
Number of acts:
Main feature of the festival:

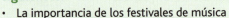

WRITING

Escribe un artículo para una revista de música. Da información, ejemplos y *justifica* tus opiniones sobre los temas siguientes:

- La importancia de los festivales de música
- Los aspectos negativos de acampar en un festival
- Un festival al que irás en el futuro

GRAMMAR

To talk about an event taking place you can use **tener lugar** e.g. la fiesta tiene lugar en verano (the party takes place/is held in summer). The reflexive verb **celebrarse** is also used – this can mean *to take place/to be held* e.g. la conferencia se celebra en Madrid (the conference is held in Madrid) but it can also mean *is celebrated* e.g. la fiesta se celebra cada año (the party is celebrated every year). You will also sometimes see **llevar(se) a cabo** used. It literally means *to carry out* but it can be used in the context of holding an event e.g. el festival se lleva a cabo el miercóles (the festival is taking place on Wednesday).

READING

Lee este comentario de un festival de música. Rellena los espacios con las palabras correctas.

<u>Este año</u>, junto con otros once amigos, nos dirigimos hasta el Festival Internacional de Benicàssim (FIB), en la costa este de España. <u>A mediados de julio</u>, el festival abre las puertas a unas 50.000 personas y lo primero que me sorprendió de FIB fue lo bien organizado que estaba todo, algo que no esperaba. <u>Al llegar</u>, nos recibió un voluntario que procedió a encontrarnos un espacio para acampar. <u>Además de esto</u>, el festival tenía baños de verdad y el mejor lujo fue, sin duda, las filas de duchas frías. Las puertas del festival permanecían abiertas todo el día, lo cual aprovechábamos para ir a la playa y comprar comida y bebida mucho más barata.

<u>Aun así</u>, hubo algo que no me convenció de FIB. Debido al sol, las actuaciones no empezaban hasta las 8 de la noche, y para los grupos más conocidos, había que esperar hasta las 12. Muchos de mis amigos preferían esto pero para mí, esto perdía la esencia de lo que es estar en un festival; estar en el camping, charlando con amigos y yendo a ver actuaciones durante el día.

1. El FIB tiene lugar en _____.
2. El festival está _____ en la costa.
3. Le impresionó la _____ del festival.
4. Cada año hay aproximadamente 50.000 _____.
5. El festival tenía _____ sanitarias muy buenas.
6. Se podía _____ del festival durante el día.
7. Hacía mucho _____.
8. Algunos grupos aparecieron bastante _____.

salir	dormir	frío
ubicada	calor	verano
actividades	visitantes	instalaciones
tarde	temprano	organización

EXTRA

Answer the following questions in English:
- What surprised her about the festival?
- What happened when they arrived?
- Why was it a good thing that they could leave the festival during the day?
- What didn't she like about the festival? Why?

Look at how all the underlined phrases have been used to sequence the text. Can you translate them into English?

Remember when you are writing in Spanish to use **sequencers** e.g. en primer lugar, primero, luego, más tarde, entonces, finalmente, para terminar and **connectives** e.g. mientras, aunque, por lo tanto, incluso, pero, porque.

Role play
SPEAKING

- Ask your friend when their birthday is
- Say what you had for your birthday last year
- Say how you normally celebrate your birthday
- Say what your favourite festival is and why
- Ask your friend what they think of parties
- Describe your ideal party

7B FESTIVALS AND CELEBRATIONS (3)

READING

Lee este artículo sobre una fiesta bastante extraña. Rellena los espacios con las palabras correctas.

Algunas ciudades han _____ (1) en los últimos años el Día Internacional de la Lucha de Almohadas. De hecho, a principios de abril miles de personas _____ (2) en batallas de almohadas en las calles más céntricas de Madrid y Barcelona.

La jornada _____ (3) en algo de lo más divertido, siendo una _____ (4) que ya lleva 5 años celebrándose. A petición de los organizadores, algunas personas acudieron al encuentro _____ (5) de héroes o bien de villanos. Sin embargo, el principal _____ (6) de la fiesta es incentivar a las personas a hacer más actividades lúdicas y al aire libre.

disfrazadas	implementado	se convirtió
visitado	objetivo	se participaron
tradición	evento	

EXTRA

Write three key points about the festival.

In this text, **de hecho** (in fact) and **sin embargo** (nevertheless) are both used. Some other useful phrases you can include in your Spanish are:

- por consiguiente/por consecuencia (consequently/therefore)
- dicho de otro modo (in other words)
- dicho eso (having said that)
- es decir (that's to say/that is)
- por supuesto (of course)
- desgraciadamente/por desgracia (unfortunately)
- no obstante (nevertheless)
- en realidad (in reality/in fact)

READING

Read this text from the novel *75 consejos para celebrar tu cumpleaños a lo grande* by María Frisa. Answer the questions in English.

Me he dado cuenta de que de los 365 días del año sólo hay 4 'de felicidad asegurada'. Tendría que ser justo al revés: 4 días malos y 361 buenos ...

1. La mañana de Navidad, el rato de abrir los regalos.
2. La mañana de Reyes, cuando abres los regalos que no te han dado en Navidad.
3. El día en que empiezan las vacaciones de verano. Evidente. Y ...
4. El cuarto es el mejor, el cuarto es el día de 'felicidad 100% asegurada', tu cumpleaños.

Es mejor que los otros porque los otros también son de felicidad para el resto del planeta, pero el día de tu cumpleaños es sólo para ti. Todos los regalos son sólo para ti, todas las felicitaciones son sólo para ti, todas las llamadas son sólo para ti ... Y encima, ¡¡¡los demás se tienen que alegrarse por ti!!! ... Pero ¿a quién invitas a tu cumpleaños? ¡¡¡Está claro que sólo vas a invitar a gente que sea amiga tuya pero lo mejor es que elijas al que más dinero se gastaría en el regalo!!!

1. What does the narrator say about days of the year?
2. What would she prefer?
3. What are the **four** specific days she mentions?
4. Why is the fourth one the best?
5. Give **three** details why she thinks this.
6. Who does she say is the best person to invite to your birthday party?

Spain and South America are famous for their festivals. In this text, the narrator mentions **Reyes**, which is short for **Los Reyes Magos** (Epiphany). This takes place on 6 January when the three wise men bring presents for children.

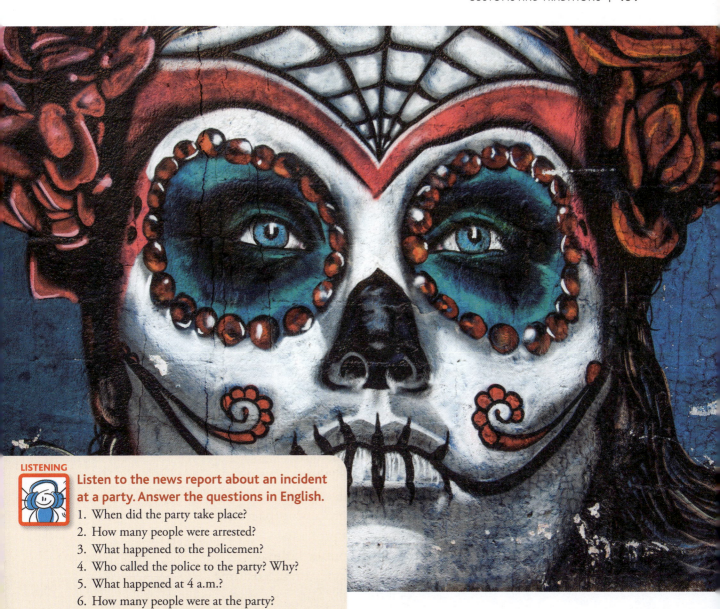

Listen to the news report about an incident at a party. Answer the questions in English.
1. When did the party take place?
2. How many people were arrested?
3. What happened to the policemen?
4. Who called the police to the party? Why?
5. What happened at 4 a.m.?
6. How many people were at the party?

Conversation
- ¿Te gustan las fiestas? ¿Por qué (no)?
- ¿Crees que las tradiciones culturales son importantes? ¿Por qué (no)?
- ¿Cuál es tu fiesta preferida en nuestro país? ¿Por qué?
- ¿Qué hiciste el último día festivo que tuvimos?
- ¿Crees que no se debería trabajar los días festivos? ¿Por qué (no)?
- ¿Crees que los padres gastan demasiado dinero en regalos hoy en día?

Translate the following sentences into Spanish:
1. The festival has a great atmosphere.
2. Lots of tourists came to the village for the event.
3. I'm going to have a chocolate cake for my birthday.
4. Birthday parties are very special for children.
5. When I was younger I always celebrated my birthday with my family.

7B FESTIVALS AND CELEBRATIONS VOCABULARY GLOSSARY

un abrazo	a hug
el adorno	ornament, decoration
el Año Nuevo	New Year
el árbol de Navidad	Christmas tree
el banquete	feast
el belén	nativity scene/crib
la boda	wedding
la cabalgata	procession
el carnaval	carnival/festival
el casco antiguo	old (part of) town
las castañuelas	castanets
el centro histórico	old (part of) town
el champán	champagne
la corrida de toros	bullfight
la costumbre	custom
el cumpleaños	birthday
la decoración	decoration
el desfile	procession/pageant
el Día de Reyes	Epiphany
el día festivo	public holiday
el disfraz	fancy dress, costume
la feria	the fair
la festividad	festival
la fiesta	party, festival
la fiesta de cumpleaños	birthday party
la fiesta religiosa	religious festival
los fuegos artificiales	fireworks
e/la invitado/a	guest
los juguetes	toys
la madrugada	early hours of the morning
la máscara	mask
el nacimiento	birth
la Navidad	Christmas
la Nochebuena	Christmas Eve

la Nochevieja	New Year's Eve
la Pascua	Easter
el pastel de cumpleaños	birthday party
el pavo	turkey
la quinceañera	party for a girl's 15th birthday
el regalo	present
los Reyes Magos	the three kings
la Semana Santa	Holy Week/Easter week
el traje típico	traditional costume
los villancicos	Christmas carols
la víspera	eve
brindar	to toast
celebrar	to celebrate
cumplir	to reach (a certain age/goal)
decorar	to decorate
disfrazarse	to dress up
poner la mesa	to lay/set the table
recibir	to receive
regalar	to give a present

7A FOOD AND DRINK

7B FESTIVALS AND CELEBRATIONS

GRAMMAR IN CONTEXT

1. NEGATIVES

Translate these sentences into Spanish using the correct negative phrases.

1. I never eat chocolate and I don't eat chips either.
2. The festival is not only expensive but also dangerous.
3. Nobody eats fruit except Julia.
4. Neither Alex nor Eva went to the party.

See page 220 to revise negatives.

2. REVISION OF REFLEXIVE VERBS

Complete the sentence with the correct reflexive verb.

1. En España _____ bastante tarde.
2. El restaurante es popular entonces _____ reservar una mesa.
3. _____ en una mesa al rincón.
4. _____ con la calidad de la comida.
5. Las fiestas _____ cada verano.
6. Quiero _____ a la comida picante.

| se celebran | se debe | nos sentamos |
| acostumbrarme | se come | me decepciono |

Remember that **reflexive verbs** need a reflexive pronoun before the verb.

Remember that infinitives of **reflexive verbs** have **se** on the end but the pronoun will change depending on who you are talking about.

3. REVISION OF POSSESSIVE ADJECTIVES AND PRONOUNS

Complete the sentence with the correct possessive adjective or pronoun.

1. Los bocadillos son _____ (mine).
2. ¿Cuáles son _____ (her) restaurantes preferidos?
3. Estos libros de cocina son _____ (theirs).
4. _____ (my) abuela dice que las recetas son _____ (hers).
5. Creo que _____ (your – tú form) pastel es más delicioso que _____ (his).

> Remember that **possessive adjectives** (*my, your, his* etc.) come before the person or thing they are referring to and must agree. You use **possessive pronouns** to replace the noun (*mine, yours, his* etc.). See page 206.

4. REVISION OF DEMONSTRATIVE ADJECTIVES

Complete each sentence with the correct demonstrative adjective.

1. Me encantan _____ (these) fiestas.
2. Tengo ganas de ir a _____ (that – near) festival.
3. _____ (those – far) grupos cantan muy bien.
4. Voy al restaurante _____ (this) noche.
5. El festival tiene lugar cerca de _____ (those – near) playas.

> Remember that **demonstrative adjectives** (*this, that, these, those*) are used **with** a noun and must agree with it. See page 205.

5. DEMONSTRATIVE PRONOUNS

Reply to each question with the correct demonstrative pronoun.

1. ¿Qué restaurante prefieres? Answer: this one.
2. ¿Cuál es la tienda orgánica? Answer: that one (near).
3. ¿Qué bocadillos quieres? Answer: these ones.
4. ¿Cuáles son los bares más populares? Answer: those ones (far).
5. ¿Cuáles son las recetas mejores? Answer: those ones (near).

> **Demonstrative pronouns** are used *instead* of a noun to avoid repeating it. You use the same words as **demonstrative adjectives** but they have an accent on them e.g. *éste, ése, aquél*. See page 205.

> You can also use the 'neuter' forms **esto**, **eso** and **aquello** for a general idea e.g. *eso no me interesa* (that doesn't interest me). You also need to know **aquí** (here), **allí** (there) and **allá** (over there – further away).

6. REVISION OF THE FUTURE AND CONDITIONAL TENSES (WITH SI SENTENCES)

Complete the **si sentences** with the correct **yo** form of either the **future** or **conditional** tense.

1. Si tuviera mucho dinero, _____ (comer) en un restaurante cada noche.
2. Si leo un libro de cocina, _____ (aprender) a cocinar.
3. Si apruebo mis exámenes, _____ (ir) al festival con mis amigos.
4. Si estuviera de vacaciones, _____ (hacer) muchas actividades.
5. Si tengo tiempo, _____ (cocinar) algo delicioso.

> **Si sentences** are a fantastic way to add variety to your spoken and written Spanish. It is worth learning a few structures by heart so that you can include them in your answers. Remember to keep revising the **future** and **conditional tenses**.

THEME: WALES AND THE WORLD – AREAS OF INTEREST

UNIT 3

GLOBAL SUSTAINABILITY

8A ENVIRONMENT (1)

READING

Read what these young people think about the environment. Choose the correct person for each statement.

Ismael: <u>A mi modo de ver</u>, muchas personas no consumen energía de manera responsable.

Lena: <u>Yo considero que</u> es imprescindible construir casas y colegios ecológicos.

Oli: <u>Mi opinión personal es que</u> el gobierno debería hacer más para promover las energías renovables.

Zaca: <u>Es ridículo que</u> la gente prefiera quedarse sentada en un atasco que ir a pie.

Iván: <u>Me parece triste que</u> haya tanta contaminación en las grandes ciudades.

Paulina: <u>Es cierto que</u> los paneles solares ofrecen una solución práctica y económica.

Carlos: La lucha contra el cambio climático es la responsabilidad de todo el mundo.

Antonio: Hay que animar a la gente a apagar las luces y no dejar los equipos en modo de espera.

Who …?

1. thinks we all need to take responsibility for climate change
2. is concerned about pollution
3. thinks that people need to switch things off
4. thinks that we need more environmentally friendly buildings
5. wants the government to do more
6. thinks people waste energy
7. thinks people should use their cars less
8. thinks solar energy is a good idea

EXTRA

Find the Spanish for:
- to build
- to promote
- a practical solution
- the fight
- to switch off
- standby mode

The environment can seem like a difficult topic to talk about, so it's important to think of ways to express your opinion. This sub-theme allows you to really show off your linguistic skills – if you have strong opinions then learn how to express them! Look at the underlined phrases for some great examples of expressing strong opinions. Can you translate them into English? Some other good phrases are:

- Tengo que decir/reconocer/admitir que …
- Es innegable que …

If you are a bit less sure of your opinions on a topic, you could say:

- Supongo/imagino que …
- Es difícil dar una opinión, pero …
- Es un tema muy complejo, pero …

LISTENING

Listen to the news report. Answer the questions in English.

1. What is the news story about?
2. When and where is it expected to happen?
3. Give at least **one** additional detail about it.
4. Where are the authorities evacuating people from?
5. What does the report say about the beaches?
6. What is the reason for this?

SPEAKING

Role play
- Ask your friend if they are environmentally friendly
- Say what you do at school to help the environment
- Ask your friend how often they recycle
- Say what the biggest environmental problem in your area is
- Say what you did at home last week to help the environment
- Say how you could improve the problems in your area

GLOBAL SUSTAINABILITY | **159**

READING

Lee el texto de la novela de ciencia-ficción *Vega III y la Peste* escrito por Juan José Braun. Empareja 1–8 con a–h.

La verdad es que el panorama que se ofrecía a la vista era desolador, los desechos tóxicos de las fábricas habían invadido desde la costa del río. Hasta donde llegaba la vista todo era devastación, soledad y muerte. La hierba había desaparecido totalmente y la tierra tenía una coloración gris que nunca se había visto en el planeta. No se escuchaba ruido alguno, no había pájaros multicolores, ni siquiera algún insecto. Toda la vida animal había emigrado o muerto.

—¿Y cuál es la solución?

—Pues, la solución no es una solución, son varias las medidas que hay que tomar y pronto, antes que la contaminación acabe con el planeta – Primero: hay que cerrar todas y cada una de las fábricas contaminantes – Segundo: convertirlas en ecofábricas de manera tal que ya no arrojen más desperdicios tóxicos al río.

1. Los problemas fueron causados por …
2. La tierra está …
3. Todo está …
4. No hay ningún …
5. No se ven….
6. Hay …
7. Hay que …
8. Las nuevas fábricas serán …

a. silencio por todas partes
b. más ecológicas
c. ni pájaros ni insectos
d. convertir las fábricas
e. devastada
f. animal
g. los desechos tóxicos
h. de color gris

EXTRA

Translate the completed sentences into English.

GRAMMAR

The first paragraph of this text uses the **imperfect tense** (e.g. se ofrecía, era) to describe what the scenery **was** like. You will use the imperfect in many situations and you will come across it in reading and listening texts. See page 225 to revise it.

This text also uses the **pluperfect tense** (e.g. habían invadido, había desaparecido) to say what **had happened**. Although you will use this less often yourself, it's something that you might see and hear in more complex texts towards the end of the reading and listening exam papers. It's important to be able to recognise and understand it. See page 228.

WRITING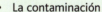

Escribe al menos una frase para expresar tu opinión sobre los temas siguientes:
- La contaminación
- El cambio climático
- La energía renovable
- Los problemas principales en tu barrio

READING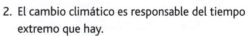

Translate the following sentences into English:

1. El calentamiento global es causado por la acción humana.
2. El cambio climático es responsable del tiempo extremo que hay.
3. ¿Por qué hay tan importante reciclar los residuos?
4. Pienso que deberíamos ser más conscientes de los problemas medioambientales.
5. Si apagáramos la calefacción central, ahorraríamos mucha energía.

Be careful – number 5 is a **si sentence** using the imperfect subjunctive and the conditional.

8A ENVIRONMENT (2)

READING

Read the information from a council website and answer the questions in English.

Sistema de recogida selectiva de basuras
- No depositar la basura antes de las 20h ni después de las 22.30
- No depositar bolsas de basura en el suelo

Lunes: Cubo azul
- Reciclaje del papel y el cartón

Martes: Cubo verde
- Envases de vidrio (tarros de mermelada, botes de colonia …)
- Botellas de bebida

Jueves: Cubo negro
- Residuos orgánicos (comida) y material no reciclable

Viernes: Cubo amarillo
- Envases metálicos (latas de bebidas, de conservas, aerosoles, tapones metálicos)
- Envases de plástico (botellas, bolsas, de plástico, envases de yogur)

1. What time should you put your rubbish out?
2. What are you told not to do?
3. Complete the table with the information required.

Day	Colour	Two items to be collected

You have seen the **imperative** for giving commands, but sometimes you will see instructions written in the infinitive instead e.g. *no depositar*.

GRAMMAR

This text is mainly written in the **present tense**. Although you need to use different tenses in your spoken and written Spanish, you need to keep revising the basics so that you can talk about events with confidence. See page 221.

This text also has examples of the **perfect tense**. This is a tense that will often crop up in reading and listening texts. Make sure you revise how to form it. See page 227.

READING

Read this magazine article about an unusual way to be environmentally friendly. Answer the questions in English.

¡El bikini con <u>celdas solares</u> tiene el merecido número uno en las lista de formas extrañas de ser ecológico!

<u>Hay muchas cosas que podemos hacer si queremos ser ecológicos</u> y tener más conciencia de nuestro medio ambiente, pero <u>hay algunas cosas que son claramente más extrañas que otras</u> …

Ahora puedes escuchar tus canciones favoritas en la playa sin necesidad de utilizar pilas que dañan el medio ambiente. El diseñador ha llegado con este bikini de dos piezas, que al vestirlo en <u>un día soleado</u>, mantendrá tu iPod o móvil cargado. Primero hay que secar completamente el bikini antes de la carga, pero es posible nadar <u>sin preocupaciones</u>, sólo hay que estar seco para conectar cualquier dispositivo. Cada juego de este *bikini solar* cuesta 200 € y el creador tarda unas ochenta horas en la fabricación de cada bikini. Pero las buenas ideas no terminan aquí. El diseñador ha prometido también un traje de baño para hombres que pueda utilizar la energía del sol para un pequeño dispositivo que enfría una lata de cerveza o refresco.

1. What is the unusual item?
2. What does it do?
3. What is the environmental benefit?
4. What do you have to do before using it?

5. How long does it take to make?
6. What other idea does the designer have?

EXTRA

Translate the underlined phrases into English.

LISTENING

Escucha la entrevista con Flavia Moraga sobre su trabajo medioambiental. Rellena los espacios con las palabras adecuadas.
1. Flavia lleva _____ años trabajando con el medio ambiente.
2. Hay dos _____ principales de la contaminación del agua.
3. No debemos utilizar agentes _____.
4. Tirar desechos al agua puede alterar _____.
5. Nosotros tenemos que estar _____.
6. El agua es un _____ que no vamos a tener para siempre.

WRITING

Escribe un folleto sobre la importancia de reciclar. Puedes dar más detalles pero tienes que incluir:
- Las ventajas de reciclar
- Consejos para reciclar en casa
- Ejemplos de cosas ecológicas que hiciste recientemente

The **subjunctive** is something that you might want to use when discussing the environment as it's used with advice, wishes and requests e.g. quiero que hagamos más para proteger el planeta or after a negative opinion or an expression of doubt e.g. no creo que sea posible. See page 229.

You can use the **present tense** of **llevar** + time + **gerund** to express how long you **have been doing** something e.g. llevo seis meses reciclando (I've been recycling for six months). You can also use the **imperfect tense** of **llevar** to say how long you **had been doing** something e.g. mi padre llevaba ocho años trabajando como voluntario (my father had been working as a volunteer for eight years).

SPEAKING

Photo card
- Describe la foto/¿De qué trata esta foto?
- ¿Crees que reciclar es importante? ¿Por qué (no)?
- Proteger el medio ambiente es la responsabilidad de los jóvenes. ¿Estás de acuerdo?
- ¿Qué cosas ecológicas hiciste la semana pasada?
- ¿Qué se debería hacer en tu barrio para ayudar el medio ambiente?

8A ENVIRONMENT (3)

READING

Lee la noticia y rellena los espacios con las palabras correctas.

Según una _____ (1), las preocupaciones _____ (2), como el cambio climático, no _____ (3) un lugar prioritario entre la juventud.

Sólo 5% creen que el cambio climático es el principal _____ (4) del mundo en la actualidad, y menos de la _____ (5) de los encuestados dijeron que están dispuestos a _____ (6) su estándar de vida para reducir el _____ (7) que tiene el ser humano en el medio _____ (8).

mitad	impacto	modificar
encuesta	problema	ocupan
ambiental	ambiente	
medio	ambientales	

EXTRA

Answer the following questions orally or in writing: ¿Te preocupa el cambio climático? ¿Cuáles son las causas principales?

WRITING

Translate the following into Spanish:
There are a lot of environmental problems in my city. There is too much traffic and there is always rubbish on the floor. Ten years ago there was less air pollution and the streets were clean. If we don't care for the planet, we will have more ecological disasters in the future.

READING

Read this article about unusual sources of renewable energy. Answer the questions in English.

El top cuatro de energías renovables extrañas
Con la energía solar cada vez más al alcance de nuestras manos, parece que las demás energías renovables no se quieren quedar atrás.

Por esto te traemos el top 4 de energías renovables no tan comunes, y hasta cierto punto extrañas.

#1 El poder del excremento
Si, hablamos en serio. El excremento produce metano, el cual no sólo en un gas 'verde' o no tóxico, sino que puede ser atrapado y utilizado como energía renovable.

#2 La energía del sonido
Aunque todavía no existe un prototipo que podamos usar en nuestras casas, la idea de usar las ondas del sonido para transformarlas en energía es muy prometedora.

#3 El movimiento humano
Cuando una persona camina, baila, hace ejercicio, corre o se mueve crea energía. Debido a una nueva tecnología esta energía puede ser capturada y ser utilizada en nuestros edificios.

#4 Las espinacas
No sólo están llenas de nutrientes, sino que también tienen el potencial de iluminar tu casa. La propuesta se basa en unos paneles solares cuyo componente principal es una proteína que deriva de la espinaca.

1. What does the introduction tell us about renewable energy?
2. Write down the four unusual renewable energies in the article and write at least **two** details for each one.

Remember that you will be marked for the accuracy of your spoken and written Spanish in your exams. Don't forget about basics such as using the correct definite or indefinite article, making adjectives agree and using the correct form of the verb.

GLOBAL SUSTAINABILITY | **163**

LISTENING

Listen to the news report and answer the questions in English.

Section 1
1. Write **three** of the electrical items mentioned.
2. What is the problem that the news report is discussing?
3. How many homes do this?
   a. 10%
   b. 60%
   c. 20%

Section 2
4. How much household energy is used in this way?
   a. 60%
   b. 1%
   c. 10%
5. How much does this cost?
   a. Up to 20 €
   b. Up to 10 €
   c. Up to 60 €
6. How much of the world's CO_2 emissions does this represent?
   a. 3%
   b. 1%
   c. 10%

EXTRA

How much might this end up costing worldwide?

It is extremely likely that you will come across numbers, dates and times in your exams in many different contexts. Make sure that you revise them! See page 213.

SPEAKING

Conversation
- ¿Qué cosas ecológicas haces normalmente?
- ¿Por qué es importante proteger el planeta?
- ¿Cómo puedes ahorrar energía en tu vida diaria?
- ¿Qué vas a hacer en el futuro para hacer tu vida más ecológica?
- ¿Cuáles son los problemas medioambientales que más te preocupan?
- ¿Cómo se podría resolver estos problemas?

Remember that you need to be able to discuss events in the **past**, **present** and **future** in every sub-theme. You also need to use these tenses accurately – always check the verb tables on pages 232–239 if you are not sure.

Remember to develop your opinions and try to give more than one piece of information for each of these questions. Use a good variety of structures e.g. for the third question you could use *se debe/se puede/hace falta/hay que* and for the last question you could use *sería esencial/sería posible/se debería*.

8A ENVIRONMENT VOCABULARY GLOSSARY

la basura	rubbish
la bolsa de plástico	plastic bag
la bombilla	light bulb
la botella de vidrio	glass bottle
el contenedor de papel	paper container
el cubo de la basura	rubbish bin
el depósito	depot
los desperdicios	waste
los electrodomésticos	white goods
el embalaje	packing
la lata	can, tin
llevar a	to take to
la papelera	(litter) bin, wastepaper basket
reciclar	to recycle
separar	separate
tirar	to throw away
el vidrio	glass
el vidrio para reciclar	glass for recycling

el ácido	acid
la advertencia	warning
el aerosol	spray can
el agujero	hole
ahorrar/salvar	to save
el aire	air
alterar	to disturb
apagar	to switch off
el aparato	gadget
el aviso	warning
la bruma (neblina)	mist, haze, vapour
cambiar	to convert/relocate
la capa de ozono	ozone layer
la central nuclear	nuclear power station
el chófer/el conductor	chauffeur, motorist, driver

el combustible (fósil)	(fossil) fuel
la contaminación	pollution
contaminado/a	polluted
contaminar	to pollute
la crisis	crisis
cubierto/a	covered
dañar	to damage
el daño	damage
el desastre	catastrophe
los desechos nucleares	atomic waste
desperdiciar/despilfarrar	to waste
la destrucción	destruction
destruir	to destroy
ecológico/a	environmentally friendly
la energía	energy
la energía eólica	wind energy
la energía hidroeléctrica	hydro energy
la energía nuclear	nuclear energy
la energía solar	solar energy
el entorno	environment (surrounding area)
los espacios verdes	green spaces
evitar	to prevent
la falta (de)	lack (of)
la flor	flower
la fuente de energía	source of energy
los gases de escape	exhaust gases
la gasolina	petrol
impedir	to prevent
la industria	industry
la madera	wood
la marea negra	oil slick
el medioambiente	environment
peligro	danger
en peligro	endangered
peligroso/a	dangerous
perturbar	to disturb
el petroleo	oil
el problema	problem
los productos químicos	chemicals
quemar	to burn (off)
reducir	to reduce

el ruido	noise
la solución	solution
la sustancia nociva	harmful substance
el tráfico	traffic
brillar	to shine
el calentamiento global	global warming
cálido/a	warm
caliente	hot
el calor	warmth
la capa fina de hielo	black ice
el chubasco	shower (rain)
el cielo	sky, heaven
el clima	climate
climatizado/a	air-conditioned/heated (swimming pool)
congelar(se)	to freeze
cubierto	cloudy, overcast
despejado	clear
destellar	to flash
el día	day
el efecto invernadero	greenhouse effect
entregar	to hand in
la estación	season
fresco/a	fresh
frío/a	cold
glacial	icy
el grado	degree (temperature)
hace sol	sunny
hay niebla	foggy
helado/a	icy
helar(se)	to freeze
hermoso/a	beautiful, lovely
lentamente	slow(ly)
llover	to rain
la lluvia	rain
lluvioso/a	rainy
malo/a	bad
mojado/a	wet
natural	natural
la naturaleza	nature
nevar	to snow

la niebla	fog
la nieve	snow
la nube	cloud
nublado	cloudy, overcast
profundo/a	deep, low
el pronóstico del tiempo	weather forecast
el rayo	lightning
relampaguear	to flash
respirar	to breathe
salvaje	wild
seco/a	dry
la selva tropical	rain forest
el siglo	century
el sol	sun
soleado	sunny
la temperatura	temperature
la temperatura más alta	highest temperature
la temperatura más baja	lowest temperature
templado/a	mild
el termómetro	thermometer
la tormenta	storm
la tormenta eléctrica	thunderstorm
tranquilo/a	quiet, peaceful
tronar	to thunder
tropical	tropical
el trueno	thunder

8B SOCIAL ISSUES (1)

READING

Lee lo que dicen estos jóvenes sobre los problemas mundiales.

Gabriel: El 27,4% de la población subsiste con menos de 1,90 dólares al día.

Natalia: Uno de cada cinco niños no tiene acceso a la eduación primaria.

Roberto: En el mundo hay millones de personas que duermen en las calles bajo plásticos o cartones.

Jaime: Hay suficiente comida para todo el mundo, pero no todos tienen suficiente alimento para sobrevivir.

Amelia: En algunos países hay escasez de agua a causa de la sequía.

Fiona: Un millón de africanos mueren cada año como consecuencia de la picadura del mosquito que transmite la malaria.

¿De qué están hablando? Elige la persona correcta.

1. El hambre
2. La pobreza
3. La salud
4. Los sin hogar
5. La enseñanza
6. La sed

SPEAKING

Photo card
- Describe la foto/¿De qué trata esta foto?
- ¿Crees que es importante ayudar a los demás? ¿Por qué?
- Creo que lo más importante es donar dinero. ¿Estás de acuerdo?
- Háblame de una cosa que hiciste recientemente para apoyar una causa.
- ¿Qué se podría hacer para resolver los problemas del mundo?

GLOBAL SUSTAINABILITY | 169

READING

Read the extract from the novel *Último Otoño en París* by Milagros del Corral. Answer the questions in English.

Ya estaba en París, dispuesta a trabajar en una importante Organización del sistema de las Naciones Unidas. Haber sido elegida entre seiscientas candidaturas para cubrir el puesto de directora del departamento de Lucha contra la Pobreza era una oportunidad única con la capacidad de contribuir a la transformación del mundo.

<u>Ahora la vida me brindaba un desafío de escala universal: la oportunidad de luchar contra la ingente brecha que separa a los pocos países que cuentan con el ochenta por ciento de los recursos mundiales, y los muy numerosos obligados a repartirse el veinte por ciento restante.</u> Algún día la utopía de lograr un mundo mejor, un mundo en paz, se haría realidad y mi reto era contribuir a conseguirlo.

1. How many people applied for the job?
2. What department is she working in?
3. What is the unique opportunity provided by the job?
4. What is her professional goal?

EXTRA

What is the challenge that she refers to in the underlined section?

LISTENING

Listen to this news report about an epidemic. Write down the information in English.

Number of countries affected:
Cause of the virus:
Symptoms:
How long the illness lasts:
Number of deaths caused by the virus:

EXTRA

What advice is given by the authorities?

WRITING

Escribe una carta formal al primer ministro sobre un problema mundial que te preocupa. Da información, ejemplos y *justifica* tu opinión sobre los temas siguientes:

- Por qué te preocupa el problema
- La importancia de ayudar a los demás
- Lo que se debería hacer para resolver el problema

Remember to set this out like a formal letter with an appropriate start and end to the letter. You will also need to use the usted form. It is helpful if you plan your response:

- Say which global issue worries you and use appropriate verbs to give your opinions e.g. lo que más me preocupa … You could explain what kind of problems it causes or how it affects people, and you could also say what you think will happen in the future.
- You need to give several reasons why it's important to help other people. You could also mention what you have done recently to help other people e.g. charity events at school, raising money, volunteering.
- Here you can mention what individuals can do e.g. todos debemos … or should do e.g. todos deberíamos … and what the government should do e.g. el gobierno debería … You can also use se podría/se debería … to say what you could do. This is a good opportunity to include the subjunctive or a *si sentence* if you can.

READING

Translate the following paragraph into English:

Todos los niños tienen derecho a ir a la escuela. Este derecho es esencial para su desarrollo social y cultural. Además, la educación ofrece la posibilidad de escapar de la pobreza. Si donas dinero a nuestra campaña, cambiarás la vida de un niño ¡Ayúdanos ahora!

8B SOCIAL ISSUES (2)

READING

Read the opinions of these two young people. What are they discussing?

Gwen: He leído que España ha recibido 6.000 solicitudes de asilo. A mi modo de ver, los refugiados que huyen de su país para escapar de la violencia y la miseria deberían poder elegir el país donde vivir.

Luca: Me preocupa la situación en Europa con los refugiados y la inmigración porque afecta a la situación económica. Creo que hay escasez de viviendas y trabajos. Sin embargo, no se pueden negar los derechos humanos y deberíamos acoger a los refugiados.

Who would say the following statements – Gwen or Luca?

1. We have to respect human rights.
2. Refugees are escaping from many problems in their own countries.
3. I am really worried about the situation.
4. We don't have enough houses and jobs as it is.
5. We should welcome refugees.
6. People have the right to choose where they live.
7. Many refugees want to live in Spain.
8. Immigration affects the economy.

EXTRA

Find the Spanish for:
- requests for asylum
- human rights
- a lack of housing

The hardest thing about this sub-theme is often ensuring that you have opinions on world issues. Look at the opinions expressed by Gwen and Luca – are there any phrases that you can adapt for your own answers? Try not to copy them exactly as it's usually easier to remember your own personal opinions that you have written yourself. However, there is no need to panic in an exam if you forget what you had planned to say – it doesn't matter if it's not your real opinion or that you didn't really attend the charity event you mentioned – the most important thing is that you are able to express yourself as accurately as possible.

READING

Read the article from a university newspaper. Answer the questions in English.

¿Cómo ayudar a los refugiados?
Si quieres ayudar a combatir las penosas situaciones en las que viajan y viven los refugiados, te enseñamos cuatro maneras de hacerlo:

1. Dona dinero
Existen muchas organizaciones involucradas en ayudas humanitarias a refugiados, desde el transporte, al tratamiento médico y la reubicación.

2. Dona ropa nueva o usada
Existen diversos grupos a los que puedes donar implementos y ropa con puntos de donación por toda Europa. Además, algunas tiendas tienen campañas de recolección de prendas para reciclar y donar a las causas humanitarias.

3. Realiza voluntariado
Hay muchas organizaciones que realizan actividades y eventos que requieren voluntarios. Si eres un profesional de la salud, la abogacía o la traducción e interpretación, estos servicios son sumamente requeridos para ayudar a los refugiados.

4. Organiza o únete a campañas en las redes sociales
Existen diversas peticiones en marcha que puedes firmar que promueven, entre otras cosas, la necesidad de eliminar los visados para personas de países en conflicto que les permita viajar de forma rápida y segura por la Unión Europea.

1. What is the article about?
2. What are the **four** main suggestions of how you can help?
3. Give **two** of the specific areas the charities are raising money for.
4. Where can you donate clothes?
5. Give **three** sorts of volunteers that are needed in particular.
6. What sort of petition might you sign?

LISTENING

Escucha este anuncio para solicitar voluntarios. Responde a las preguntas en español.

1. ¿Qué van a hacer los voluntarios?
2. Escribe la información siguiente:
   Número de días:
   Fechas:
   Horario:
   Hora del descanso:
   Número de voluntarios que necesitan:

SPEAKING

Conversation
- ¿Cuáles son los problemas sociales que te preocupan?
- ¿Cuál es tu organización benéfica preferida? ¿Por qué?
- ¿Cómo podemos ayudar a los refugiados?
- ¿Qué vas a hacer en el colegio para recaudar fondos?
- Háblame de un evento benéfico al que fuiste.
- ¿Cómo se podría mejorar la situación en el mundo?

WRITING

Translate the following into Spanish:
There are lots of social problems in the world. We must look for practical solutions. I would like to raise money in school and my friends and I are going to organise a cake sale. After my exams I will work as a volunteer because I think it is important to help other people.

When you are speaking or writing about social issues, typical questions might ask you for solutions to problems or things we **should** do. You will need to use the **conditional tense** to express this e.g. deberíamos tomar medidas urgentes (we should take urgent measures). See page 223 to revise the conditional.

8B SOCIAL ISSUES (3)

READING

Read this newspaper article about an act of kindness. Answer the questions in English.

El 4 de diciembre pasado, una joven estudiante perdió su móvil y su tarjeta bancaria después de una noche de fiesta. La joven estaba desesperada y un mendigo se le acercó y le ofreció sus últimas 3 euros.

La chica se negó a recibir el dinero porque no le parecía ético ni justo, pero para agradecer al mendigo decidió crear una campaña para ayudarlo a conseguir un piso donde vivir. Decidió pasar 24 horas en la calle para recaudar fondos para este hombre que lleva siete meses en la calle.

1. What did the student do?
2. Give **two** details about what happened next.
3. Did she accept the money? Why/why not?
4. What did she decide to raise money for?
5. What did she do to raise money?
6. Give **one** detail you are told about the man.
7. Find the Spanish for:
   - to thank
   - a campaign
   - to raise money

READING

Lee la información del sitio web UNICEF. Escribe las respuestas en español.

Promovemos y defendemos los derechos de los niños en más de 190 países desde hace más de 68 años. La mayor parte (88,3%) de nuestros fondos provienen de contribuciones de ciudadanos y del sector privado

UNICEF actúa en más de doscientas emergencias al año, en más de noventa países. Las primeras horas después de una emergencia son fundamentales para salvar vidas y garantizar la protección de los niños.

Con tu contribución a nuestro Fondo de Emergencias, podemos enviar recursos de forma inmediata ante cualquier emergencia o crisis humanitaria. <u>Ayúdanos a ayudarles</u>.

Dona ahora en línea, haz tu donación por transferencia bancaria *o contacta con nosotros en el 902 31 41 31 de lunes a viernes de 9 a 21.30h y sábados de 11 a 17h.*

1. Una cosa que hace UNICEF:
2. Número de países en que trabaja:
3. Número de años que lleva trabajando:
4. Sus donantes principales:
5. Número de emergencias:
6. Número de países con emergencias:
7. Lo que hace el fondo de emergencias:
8. Tres formas de donar:

EXTRA

What does the text say about the first few hours after an emergency?

Find the Spanish for:
- to save lives
- to guarantee
- to send resources

GRAMMAR

The underlined sentence (Ayúdanos a ayudarles – Help us to help them) is a good example of how **indirect-object pronouns** are used after an imperative and after an infinitive. It's important to understand pronouns because otherwise it can be confusing trying to understand the meaning of a sentence. See page 208 to revise pronouns.

SPEAKING

Role play
- Say what your favourite charity is and why
- Say what you did to raise money at school last year
- Ask your friend if they give money to charity
- Describe a charity event you will go to
- Say what is the main social issue you are worried about
- Ask your friend a question about a social issue

GLOBAL SUSTAINABILITY | **173**

LISTENING

Listen to the three suggestions for raising money in school. Write the information into the table in English.

Name	Suggestion for raising money	At least three details
Delfina		
Damián		
Tina		

WRITING

Escribe la publicidad para un evento que estás organizando en tu colegio para recaudar fondos. Tienes que incluir:

- La organización benéfica que elegiste y las razones
- Detalles del evento
- Por qué tus compañeros de clase deberían venir al evento

At first glance, a writing task on social issues might seem harder than some of the other sub-themes. Much like for the environment you need to learn some specific topic vocabulary, but apart from this the expectations on you are the same as with all the other sub-themes. In other words, you need to express **opinions** and refer to events in the **past**, **present** and **future**.

Try to write extended sentences using connectives. You can combine more than one tense in a sentence and you can vary the vocabulary that you use to express opinions. When revising this sub-theme, it might be helpful to think of how you could say the following:

- Express which social problems you are worried about and why.
- Be able to talk about a charity you support and what it does.
- Talk about something in the past e.g. a charity event you attended.
- Say what you do at the moment to support charities.
- Talk about a future event e.g. a cake sale you will organise, a fundraiser you will attend, your plans to volunteer.
- Say how young people can help or what people should do to help.

8B SOCIAL ISSUES VOCABULARY GLOSSARY

el agua potable	drinking water
el apoyo	support
la ayuda humanitaria	humanitarian aid
la campaña	campaign
el comercio justo	fair trade
la crisis	crisis
la crisis económica	the economic crisis
los derechos humanos	human rights
la educación	education
la emergencia	emergency
la enfermedad	disease
la escasez	lack
el estar sin hogar	homelessness
la gente	people
el gobierno	government
la guerra	war
el hambre	hunger, starvation
la hambruna	famine
la higiene	hygiene
el huracán	hurricane
la inmigración	immigration
la inundación	flood
la mejora	improvement
el mundo	world
las obras benéficas	charitable works
la organización benéfica	charity (organisation)
los países en vías de desarrollo	third world countries
el planeta	planet
la pluviselva	rainforest
la población	population
la pobreza	poverty
la polución/la contaminación	pollution
la protección	protection
los recursos (naturales)	(natural) resources
el/la refugiado/a	refugee
la salud	health

la selva	rainforest
la sequía	drought
las solicitudes de asilo	requests for asylum
el terremoto	earthquake
el trabajo voluntario	voluntary work
la violencia	violence
la vivienda	housing
apoyar	to support
ayudar	to help
contaminar	to pollute
defender	to defend
donar dinero	to donate
escapar	to escape
estar sin hogar	to be homeless
examinar	to examine
explicar	to say, tell
hacerse socio	to join
huir	to flee
limpiar	to clean
mejorar	to improve
morir	to die
morir de hambre	to die of starvation
ofrecer	to offer
promover	to promote
proteger	to protect
recaudar fondos	to raise money
respetar	to respect
sobrevivir	to survive
subvencionar	to subsidise
vacunar	to vaccinate
vivir	to live
desarrollado/a	developed
generoso/a	generous
higiénico/a	hygienic
internacional	international
limpio/a	clean
mundial	global, world
pobre	poor
rico/a	rich
sin hogar	homeless
sucio/a	dirty

8A ENVIRONMENT
8B SOCIAL ISSUES
GRAMMAR IN CONTEXT

1. BASIC ACCURACY
Correct the following statements.

1. Me preocupa las problemas medioambiental.
2. Hay muchos persona pobre en la mundo.
3. Un cosa que me preocupan es el pobreza extremo.
4. Los energías renovable es necesarios.
5. Los organizaciones benéficos hace una trabajo importantísima.

> Remember that you will be marked for linguistic knowledge and accuracy in your exams. It is important to spend time checking basic things like genders of nouns and adjective agreement.

2. REVISION OF COMPARATIVE AND SUPERLATIVE ADJECTIVES AND ADVERBS
Translate the following sentences into English.

1. Lo que me preocupa más es la pobreza.
2. Para mí, lo más importante es ayudar a los demás.
3. Creo que el peor problema es la inmigración.
4. Una venta de pasteles recauda fondos más rápidamente que pedir donaciones.
5. En mi opinión, la pobreza es más grave que el conflicto.
6. La inmigración es tan seria como el terrorismo.
7. Considero que la situación más urgente es la salud de los niños.
8. Se puede donar dinero más fácilmente en línea.

> Using comparatives and superlatives allows you to add more detail to your Spanish. See page 204.

3. USING LLEVAR + TIME + GERUND

Translate the following sentences into Spanish.

1. I have been helping the charity organisation for three years.
2. The government had been investigating the problem for six months.
3. We have been recycling for many years.
4. Laura had been raising money for two years.

> To use this structure confidently, you need to revise the **present** and **imperfect tense** of **llevar** and the **gerund**.

4. FALSE FRIENDS

These words look like English words but actually mean something different. You might see these words when talking about these sub-themes. What do they mean?

- actualmente
- el compromiso
- largo
- realizar
- recordar
- solicitar
- soportar
- la tormenta

> Looking for words that are similar to English doesn't always work – be careful of 'false friends' that look like English words but actually mean different things.

5. REVISING TENSES

Identify the tense used in each sentence then translate the sentence into English.

1. Estamos haciendo muchas cosas para el medio ambiente.
2. Mis amigos donaron su paga a la organización.
3. Alex había recaudado doscientos euros.
4. Mi padre ha comprado un coche ecológico.
5. El año pasado éramos menos responsables.
6. Haré más para ayudar a los demás.

> You need to use a variety of tenses in your written and spoken Spanish. Use your verb tables to help you when you are planning your work.

6. USEFUL VERBS

The following are useful verbs for talking about the environment and social issues. What do they mean? Write a sentence using each one.

- ahorrar
- apoyar
- ayudar
- proteger
- respetar
- salvar

> Try to use a different tense for each sentence and vary the language that you use. Use your verb tables to help you – see pages 232–239.

THEME: CURRENT AND FUTURE STUDY AND EMPLOYMENT

UNIT 3

ENTERPRISE, EMPLOYABILITY AND FUTURE PLANS

9A POST-16 STUDY (1)

Read what these young people say about writing a CV or filling in an application form.

Estrella: Una vez que tengas el currículum redactado, puedes registrarte en las mejores páginas web de empleo.

Danilo: Crea una dirección de correo electrónico profesional si tu dirección actual es inmadura o sugestiva.

Rubén: Mi profesor me dijo que los seleccionadores tardan una media de siete segundos en decidir si un CV es interesante o no.

Maribel: No se debe incluir información inventada que no se corresponda con la realidad.

Armando: He leído que el departamento de recursos humanos entra en Internet para conocer más datos del candidato.

Flor: Revisa tu formulario de solicitud antes de enviarlo para evitar errores.

Who says the following?

1. You shouldn't lie on your CV.
2. You can use it to register online.
3. Always check for mistakes.
4. Make sure you have a respectable e-mail address.
5. They don't spend very long looking at your CV.
6. They look online to find out more information about you.

Find the Spanish for:
- e-mail address
- selectors/recruiters
- human resources
- application form
- to avoid mistakes

Read Begoña's application letter. Are the statements true or false?

Estimados señores/as del Consejo Educativo:

Me dirijo a ustedes para manifestar mi interés en cursar los estudios de negocios. He obtenido buenas notas durante mis estudios de ESO, obteniendo los mejores resultados en las matemáticas.

Los negocios siempre me han interesado y mi objetivo es trabajar en una gran empresa internacional. Estoy particularmente interesada en mejorar mis conocimientos sobre los aspectos relacionados con el desarrollo de negocios.

Durante mis estudios, tuve la oportunidad de hacer prácticas laborales en una compañía de contabilidad. Este trabajo me entusiasmó y confirmó mi vocación por los negocios. Soy una persona dispuesta a trabajar duro, con el deseo y la motivación para el éxito.

Muchas gracias por su atención.
Atentamente,

Begoña Garrido

1. She is applying for a business course.
2. She got good results in all her subjects.
3. She has always been interested in maths.
4. She wants to work for an international company.
5. She wants to develop her knowledge of finance.
6. She wants to be an accountant.
7. She enjoyed her work experience.
8. She is hard working and motivated to succeed.

Translate the underlined phrases.

ENTERPRISE, EMPLOYABILITY AND FUTURE PLANS | **181**

LISTENING

Escucha lo que dice Beatriz sobre su vida. Rellena los espacios con la palabra adecuada.
En el futuro _____ (1) hacer muchas cosas y vivir muchas _____ (2). Durante mis dieciséis años siempre he _____ (3) extender mis horizontes. He _____ (4) innumerables cosas a través de la escuela y mis experiencias personales, y cada día busco _____ (5) para aprender más. Asimismo, tengo varios _____ (6) para los próximos años. Actualmente, estoy en mi primer año de mi _____ (7) y en primer lugar, quiero terminar mis estudios para _____ (8) en la universidad.

Look at how the adjective **innumerable** has been used instead of **mucho** here – innumerables cosas – you could also use numerosas cosas in this case.

Remember that most Spanish adjectives end in **o** in their masculine form and **a** in their feminine form e.g. afortunado – afortunada but there are some exceptions to this rule. Sometimes a masculine singular Spanish adjective may end in **a** or **e**, or even a consonant e.g. egoísta (selfish), eficiente (efficient), responsable (responsible), débil (weak).

To make adjectives plural:

- Add **s** to singular adjectives ending in a vowel e.g. interesante – interesantes.
- Add **es** to adjectives ending in a consonant e.g. trabajador – trabajadores.
- If a singular adjective ends in **z**, change the **z** to **c** and add **es** e.g. feliz – felices.

Try to vary the adjectives that you use in your Spanish. Some excellent adjectives include: inesperado (unexpected), emocionante (exciting), fascinante (fascinating), increíble (incredible), ridículo (ridiculous), estresante (stressful) and decepcionante (disappointing).

WRITING

Escribe una carta de aplicación para un puesto de responsabilidad en tu instituto. Empieza u termina tu carta apropiadamente. Puedes dar más detalles pero tienes que incluir:

- Por qué eres el mejor candidato
- Detalles de tus puestos de responsabilidad en el pasado
- Lo que te gustaría hacer en el puesto

The third bullet point requires an answer in the **conditional tense**. It's also an ideal opportunity to use a **si sentence** with the **imperfect subjunctive** e.g. si fuera seleccionado/si tuviera la oportunidad, haría … Remember that an easy way to use the **conditional tense** is to use **me gustaría** (I would like).

Sometimes in Spanish you will also see **quisiera** used instead of **me gustaría**. It can be used to say that you would like a particular item or that you would like to do a particular thing e.g. quisiera un trabajo digno, quisiera trabajar en el extranjero. It's not as common as **me gustaría** but you need to be aware of it.

SPEAKING

Photo card
- Describe la foto/¿De qué trata esta foto?
- ¿Prefieres estudiar solo/a o con tus compañeros de clase? ¿Por qué?
- Los estudiantes deben quedarse en el instituto hasta los dieciocho años. ¿Estás de acuerdo?
- ¿Qué tipo de estudios vas a hacer el año que viene?
- ¿Cómo te prepararías para una entrevista?

9A POST-16 STUDY (2)

Read this information about the Bachillerato Internacional. Answer the questions in English.

El programa de Bachillerato Internacional se imparte en más de tres mil institutos de 127 países de todo el mundo.

Muchos padres desean que sus hijos hagan el Bachillerato Internacional porque los alumnos consiguen un título que es aceptado por las mejores universidades del mundo.

El Bachillerato Internacional tiene una duración de dos años, en los que los alumnos tienen que estudiar seis asignaturas diferentes.

Cuando se terminan los dos años, se realiza un examen oficial (80%) y una redacción de unas 4.000 palabras (20%) sobre un tema relacionado con una de las asignaturas.

1. How many schools teach the Bachillerato Internacional?
2. Why do parents want their children to study it?
3. Give **two** details about the course.
4. Give **two** details about how the course is assessed.

Lee el texto de la novela *Melanie* escrito por Shannon Corbera Parcerisas. Rellena los espacios con tus propias palabras.

Llevaba ya cinco años en ese instituto, me había sacado la secundaria y ahora estaba haciendo primero de bachillerato obligada por mis padres …

Porque es algo que sólo pasa una vez en la vida, el bachillerato, es muy importante tenerlo, te abre más caminos y a medida que vas estudiando más te abre … más y más caminos para llegar a ser alguien en particular, alguien importante y no alguien cualquiera … me dijeron.

Era fácil desobedecer y no ir de vez en cuando pero mis motivos eran varios, iba al instituto para ver a mi novio, a él y a mi mejor amiga de la que nunca me he separado – pero no tenía ganas de estudiar.
De todas formas, si no encontrara trabajo, mis padres me podrían encontrar uno o cuando murieran heredaría toda su fortuna, así que no perdía nada por no estudiar.

1. Melanie estudia en el instituto desde hace _____
2. Ha terminado la enseñanza _____
3. _____ le obligaron a continuar con sus estudios
4. Dicen que _____ es muy importante
5. Va al colegio para ver a _____
6. A Melanie no le gustaba _____

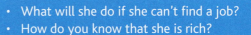
- What will she do if she can't find a job?
- How do you know that she is rich?

This is a complex text that uses a wide range of tenses including *imperfect*, *pluperfect*, *imperfect continuous*, *present*, *present continuous*, *preterite*, *perfect*, *imperfect subjunctive* and *conditional*. Can you find an example of each of these tenses, and can you explain what they mean?

Translate the following sentences into English:

1. Estoy muy interesado en contribuir a la vida escolar.
2. Desgraciadamente mis padres me obligan a continuar con mis estudios.
3. Terminar la enseñanza obligatoria puede ser muy emocionante para los jóvenes.
4. Estudiar en un nuevo instituto me ofrecería numerosos retos.
5. Los profesores me ayudarán a obtener buenas calificaciones.

ENTERPRISE, EMPLOYABILITY AND FUTURE PLANS | 183

 LISTENING

Listen to this advert for an online *bachillerato* course. Write the information in English.
Section 1: Give **three** benefits of the course:
Section 2: Give **three** details about what the course offers:
Section 3: Give **two** additional details:

 GRAMMAR

Although you can express future events using the **future tense**, remember that you can also use the **immediate future** using *ir a + infinitive* e.g. voy a estudiar historia. You can also use the following phrases to talk about the future:

- querer + *infinitive* (to want to) e.g. **quiero estudiar** en un nuevo instituto
- tener ganas de + *infinitive* (to want to) e.g. **tengo ganas de** ir a la universidad
- esperar + *infinitive* (to hope to) e.g. **espero sacar** buenas notas
- tener la intención de + *infinitive* (to intend to) e.g. **tengo la intención de** continuar con mis estudios

You can also use **me gustaría** to say what you would like to do.

 SPEAKING

Conversation
- ¿Qué haces para contribuir a la vida escolar?
- Háblame de tus éxitos en el instituto.
- ¿Cuáles son tus planes para el año que viene?
- ¿Cuáles son las ventajas de cambiar de instituto?
- ¿Qué te gustaría aprender en el colegio?
- ¿Crees que el instituto prepara a los jóvenes para el futuro?

 WRITING

Translate the following into Spanish:
I have an interview tomorrow afternoon and I am very nervous. I am going to talk about my plans for the future. I would like to go to a new school next year to learn new things. I am prepared to study hard and I hope to get good grades.

9A POST-16 STUDY (3)

READING

Lee los errores más comunes de los estudiantes durante una entrevista. Empareja los errores (1–6) con los consejos que corresponden (a–f).

1. El 57% de los candidatos llevaban una vestimenta inapropiada.
2. El 55% aparentó desinterés y no hizo preguntas.
3. El 52% habló negativamente sobre sus profesores.
4. El 51% tenía una actitud arrogante.
5. El 46% de los candidatos respondió a una llamada durante la entrevista.
6. El 34% dio respuestas vagas y poco concretas.

a. Prepárate antes de la entrevista
b. Sé humilde
c. Muestra entusiasmo
d. Vístete con ropa formal
e. No hables mal de los demás
f. No utilices el móvil

READING

Read this article from a careers website. Answer the questions in English.

<u>La opinión popular entre algunos estudiantes</u> es que 'prepararse' para una entrevista es leer el periódico de la mañana, vestirse de ropa formal y quitarse los piercings. <u>La verdad es que una entrevista formal requiere preparación previa.</u> ...

<u>Debes estar siempre atento a las preguntas de los entrevistadores.</u> Es aconsejable prepararte para argumentar con conocimientos reales, acerca de la carrera y la universidad, del mercado laboral, o de asuntos nacionales, entre otros temas. ...

<u>Parece obvio, pero muchas personas han perdido su oportunidad por llegar unos minutos tarde.</u> Llega con suficiente tiempo, es mejor esperar que correr. Vístete de la forma más neutral posible sin perder tu identidad – la presentación personal no debe ser un factor de distracción para el entrevistador. Asimismo, ten en cuenta tu expresión corporal y no hagas ninguna de las siguientes acciones:

NO cruces los brazos (se podría interpretar como mal genio o una barrera)

NO juegues con el reloj, los anillos, el pelo etc. (esto se podría interpretar como nerviosismo o distracción). ...

Además, siéntate recto, de lo contrario se podría interpretar como incomodidad, impaciencia o falta de respeto.

1. How do some students prepare themselves for an interview? Give **two** details.
2. Give **two** details about what you should be prepared to talk about.
3. What does the article say about your appearance? Give **two** details.
4. Why shouldn't you cross your arms?
5. What else shouldn't you do? Why?
6. Give **two** reasons why you should sit up straight.

EXTRA

Translate the underlined phrases into English.

LISTENING

Listen to Julio's interview for a *bachillerato* course in a new school. Choose the five correct statements.

1. The teachers are good.
2. The school has a good reputation.
3. He wants to go to university.
4. He wants to join after-school clubs.
5. He wants to be a prefect.
6. He wants to be on the school council.
7. He wants to mentor younger students.
8. He is proud of his former school.
9. He won a prize for biology.
10. He won a prize last year.

ENTERPRISE, EMPLOYABILITY AND FUTURE PLANS | **185**

 WRITING

Tienes una entrevista para un nuevo instituto. Responde a las mismas tres preguntas del director que escuchaste:
- ¿Por qué quieres estudiar aquí?
- ¿Cómo contribuirás a la vida escolar?
- ¿Cuál ha sido tu mayor logro en el instituto hasta ahora?

 SPEAKING

Role play
- Say what you like studying at the moment
- Say what you will study next year
- Say what you did recently to contribute to school life
- Ask your friend what they like studying
- Ask your friend what they think about post-16 studies
- Give your opinion about the importance of qualifications

 GRAMMAR

You know that **ser** and **estar** have different uses. Using the wrong one can change the meaning of what you are saying e.g. estoy nervioso (I am nervous at the moment), soy nervioso (I am a nervous person).

Be careful with the following:

- estar aburrido (to be bored) and ser aburrido (to be boring)
- estar atento (to pay attention) and ser atento (to be attentive)
- estar orgulloso (to feel proud) and ser orgulloso (to be arrogant)
- estar listo (to be ready) and ser listo (to be clever)
- estar seguro (to be sure/certain) and ser seguro (to be safe)

Some useful phrases with **estar** include:

- estar a gusto (to be comfortable, at ease) e.g. estoy a gusto en mi colegio
- estar dispuesto a (to be ready/willing/available to) e.g. estoy dispuesto a trabajar muy duro

9A POST-16 STUDY VOCABULARY GLOSSARY

el apellido	surname
la asignatura optativa	optional subject
la carta de referencia	reference(s)
la carta de solicitud	application letter
los conocimientos	knowledge
el currículo/currículum	CV
la desvantaja	disadvantage
la dirección	address
el domicilio	home/address
la edad	age
la educación	education
la enseñanza obligatoria	compulsory education
la enseñanza secundaria	secondary education
la entrevista	interview
el/la entrevistador/a	interviewer
el esfuerzo	effort
la evaluación	test, assessment
el éxito	success
le fecha de nacimiento	date of birth
la formación	training
la formación profesional	vocational training
el formulario de solicitud	application form
el lugar de nacimiento	place of birth
el nombre de pila	first name
el número de teléfono	telephone number
el objetivo	goal, objective
los recursos humanos	human resources
la solicitud	application
el trimestre	term
la ventaja	advantage
la vocación	vocation

cambiar de instituto	to change schools
conseguir	to achieve, get
continuar con los estudios	to continue with studies
contribuir a la vida escolar	to contribute to school life
cursar	to study (a course)
entregar	to hand in
escoger/elegir	to choose
estar atento/a	to pay attention
estar harto/a de	to be fed up with
estudiar a nivel avanzado	to study at an advanced level
hacer un curso de formación profesional	to do a vocational course
hacer una solicitud	to make an application
obtener	to obtain, get
optar	to opt, choose
pensar	to think
rellenar	to fill in
revisar/repasar	to revise
seguir estudiando	to continue studying
tener éxito	to be successful
tener la intención de	to intend
tomar decisiones	to make decisions

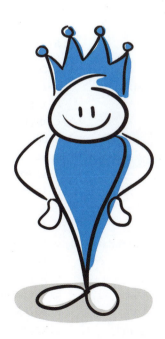

9B CAREER PLANS (1)

READING

Read what Joel and Eva are discussing.

JOEL: Todos sabemos la primera ventaja obvia: tener un sueldo. Pero si dejamos de estudiar para buscar un trabajo nos encontraremos con menos control sobre nuestro futuro laboral. Por tanto, el camino ideal es estudiar todo lo posible para buscar un trabajo que se corresponda con nuestras capacidades e intereses personales.

EVA: Aunque hay muchas personas que critican la vida universitaria, es cierto que continuar con los estudios te aportará experiencias inolvidables. Tendrás la oportunidad de conocer a nuevas personas, podrás estudiar tus asignaturas preferidas y tendrás mejores oportunidades laborales en el futuro.

Who would say each of these statements – Joel or Eva?

1. You should find a job that matches your interests.
2. You will have a great time if you go to university.
3. You can study your favourite subjects.
4. The obvious advantage of working is that you earn money.
5. If you stop studying you will have less control over your future.
6. You can make new friends.
7. You should study as many things as you can.
8. Lots of people criticise university.

EXTRA

Translate the underlined phrases into English.

READING

Lee este artículo de un periódico. Elige las respuestas correctas.

Alrededor de 130.000 estudiantes abandonan cada año la carrera universitaria.

Empiezan pero no acaban. Un porcentaje cada vez más elevado de alumnos matriculados en las universidades españolas, entre un 30% y un 50%, abandonan sus estudios antes de conseguir el título.

Los principales factores que influyen en esta alta tasa de deserción se relacionan con los resultados académicos y la elección equivocada de titulación – uno de cada cinco jóvenes deja los estudios porque no le gustan. Diversos estudios también insisten en que las características del profesorado son otro factor que se debe considerar entre las causas del abandono. La edad de inicio de los estudios o la formación de los padres son algunas de las variables que se repiten.

1. 130.000 estudiantes …
   a. empiezan la universidad
   b. consiguen un título
   c. dejan la universidad
2. ¿Cuáles son las razones? Elige las **cinco** razones correctas.
   a. La enseñanza de sus padres
   b. La influencia de sus amigos
   c. Buscan un trabajo
   d. No sacan buenas notas
   e. Los estudios son difíciles
   f. La edad a la que empiezan la universidad
   g. No tienen dinero
   h. Los profesores son de baja calidad
   i. No les gusta su carrera
   j. La influencia de los profesores

GRAMMAR

Although you will mainly need the **future tense**, **immediate future** and the **conditional** to talk about your career plans, you also need to refer to events in the past as well. Try to plan sentences that include more than one tense e.g. En el pasado quería ir a la universidad pero ahora prefiero la idea de buscar un trabajo (In the past I wanted to go to university but now I prefer the idea of looking for a job).

Here are some suggestions using the **imperfect tense**:

- en el pasado, tenía ganas de … (in the past I wanted to …)
- hace unos años, tenía la intención de … (a few years ago I intended to …)
- cuando era joven, mi trabajo ideal era … (when I was younger my ideal job was …)
- siempre esperaba/quería … (I always hoped/wanted …)

You can also use **desde hacía** with the **imperfect tense** e.g. desde hacía mucho tiempo, esperaba … (for a long time I had been hoping …).

You can also use the **perfect** or **pluperfect tenses**:

- siempre me ha(n) interesado … (I **have** always been interested in …)
- siempre me había(n) interesado … (I **had** always been interested in …)
- siempre he esperado … (I **have** always hoped …)
- desde joven, he querido … (from a young age, I **have** wanted …)
- siempre había querido … (I **had** always wanted …)

LISTENING

Listen to this advert for a professional training course. Answer the questions in English.
1. How long does the course last?
2. Write down **one** thing that you will learn about.
3. How many students are there?
4. Write down **two** things that they offer.
5. Write down **three** things that will help turn you into a professional.

WRITING

Escribe un artículo sobre 'Los jóvenes y el trabajo'. Da información, ejemplos y *justifica* tu opinión sobre los temas siguientes:
- La importancia de encontrar un buen trabajo
- Los aspectos positivos de la universidad
- Lo que harás después de terminar tus estudios

SPEAKING

Photo card
- Describe la foto/¿De qué trata esta foto?
- ¿Es importante ir a la universidad? ¿Por qué (no)?
- Es difícil encontrar un buen trabajo. ¿Estás de acuerdo?
- ¿Te gustaría trabajar en el extranjero en el futuro? ¿Por qué (no)?
- ¿Es más importante tener títulos o experiencia? ¿Por qué?

9B CAREER PLANS (2)

 Read the news article about young people and the world of work.

Los tres motivos más mencionados con respecto a las dificultades que los jóvenes españoles experimentan a la hora de encontrar un empleo son: encontrar trabajo en su ciudad o región (55%), la inexistencia de ofertas disponibles relacionadas con sus estudios (50%) y la baja remuneración (47%). Además, de este estudio se desprende que el 68% de los jóvenes españoles entre 15 y 35 años quiere ir a trabajar al extranjero. El 40% de los jóvenes tiene la intención de crear su propio negocio y la proporción es aún mayor (del 52%) entre los que quieren dedicarse al sector de las tecnologías de la información.

What percentage of young people …?

1. are worried about low pay
2. want to start their own business
3. are worried about finding a job in their home town
4. want to work in IT
5. want to work abroad
6. can't find a job related to their studies

 You use the **present subjunctive** after **cuando** when you are talking about the future and want to express something that hasn't happened yet e.g. cuando vaya a la universidad …, cuando tenga un trabajo …

The underlined phrase in the text is a good example of this use of the **present subjunctive**: cuando vuelvas de tu año sabático (when you return from your gap year).

You also need to use the **subjunctive** with **quizá/quizás** or **tal vez** to say *maybe/perhaps* and to express what you *might* do e.g. quizá pueda viajar al extranjero.

 Read what these four young people think about having a gap year. Answer the questions in English.

Ariana: Un año en el extranjero es una oportunidad para darte un descanso, viajar y conocer nuevos países, hacer nuevos amigos y descubrir otras culturas. No obstante, no basta con viajar y hacer turismo, ya que al hacer esto sólo perderás dinero. Sería mejor colaborar en un programa de voluntariado o buscar trabajos pequeños.

Felipe: El año sabático da tiempo a los estudiantes para descubrir la edad adulta y adquirir perspectiva. Algunos estudiantes no saben qué quieren hacer cuando terminen el instituto y necesitan un poco de tiempo para aclarar los objetivos de su carrera.

Vadim: Mis padres dicen que un año sabático es 'un año sin hacer nada' pero para mí significa la oportunidad de salir de lo cómodo y descubrir nuevas experiencias. También me gustaría aprender un nuevo idioma.

Roxana: Cuando vuelvas de tu año sabático, no sólo habrás progresado desde un punto de vista personal, sino que habrás reforzado tu currículo y tu valor profesional. Un año sabático bien aprovechado es no sólo una experiencia inolvidable, sino que te ayuda enormemente a encontrar un buen trabajo.

1. Who thinks that gap years allow you to become more mature?
2. Who thinks a gap year can improve your CV?
3. Who thinks you can discover new countries and cultures?
4. Who wants to learn a new language?
5. According to Ariana, what is a waste of time?
6. What does she think you should do instead?
7. What do Vadim's parents think about gap years?
8. Does he agree with them? Why/why not?
9. According to Felipe, why do some students need a gap year?
10. According to Roxana, what is the main benefit of a gap year?

EXTRA

Write a similar paragraph with your own opinions about taking a gap year.

SPEAKING

Conversation
- ¿Qué quieres hacer en el futuro?
- ¿Te gustaría ir a la universidad? ¿Por qué (no)?
- ¿Cuáles son las carreras más populares? ¿Por qué?
- ¿Cuáles son las desventajas de dejar los estudios?
- ¿Cómo será tu vida en diez años?
- ¿Por qué hay tantos jóvenes desempleados?

WRITING

Translate the following into Spanish:
I don't want to go to university because it is too expensive. I am going to leave school after my exams because I would like to earn money. My parents think some young people are lazy. If I don't find a job, I will go abroad. I intend to learn a new language.

LISTENING

Escucha este reportaje sobre la 'generación nini' (los jóvenes que ni estudian ni trabajan). Elige las respuestas correctas.

1. El porcentaje de los jóvenes que son ninis ...
   a. 15%
   b. 18%
   c. 25%
2. El porcentaje de los ninis que han terminado la enseñanza secundaria ...
   a. 20%
   b. 29%
   c. 25%
3. El 23% de los ninis ...
   a. tienen un título universitario
   b. han salido de España
   c. viven con sus padres
4. Muchos ninis buscan trabajo ...
   a. en su barrio
   b. en el extranjero
   c. en España
5. La mayoría de los ninis viven ...
   a. con sus amigos
   b. solos
   c. con sus padres
6. Los jóvenes españoles tienen una actitud ...
   a. positiva
   b. negativa
   c. arrogante

GRAMMAR

Cuyo is a relative adjective which means *whose* and must agree with the noun that follows it e.g. mi amigo, cuya madre es profesora, dice ... (my friend, **whose** mother is a teacher, says ...).

In this listening exercise, you hear the phrase Son los ninis, **cuyo** número sigue aumentando. Can you work out what it means?

9B CAREER PLANS (3)

Lee lo que a estos jóvenes les gustaría hacer en el futuro.

Sal: Sería muy difícil encontrar un trabajo digno.

Tea: Quisiera tener un alto nivel de inglés.

Carla: No me gustaría casarme ni tener hijos. ¡Qué horror!

Ciro: Viviría en el extranjero. ¡Qué increíble!

Pilar: Ganaría muchísimo dinero. ¡Ojalá!

Nesto: Estudiaría un máster al acabar la carrera.

¿Quién menciona los temas siguientes? Escribe el nombre de la persona correcta.

1. Los idiomas
2. Un año sabático
3. El desempleo
4. La universidad
5. El matrimonio
6. El sueldo

Remember that you can use question words to make exclamations in Spanish e.g. ¡Qué lastima! (What a shame), ¡Qué problema! (What a problem), ¡Quién sabe! (Who knows). There are also some set expressions of surprise that need the **present subjunctive** e.g. ¡que aproveche! (enjoy your meal), ¡viva ...! (long live ...).

You can use ¡ojalá! on its own to convey *let's hope so/if only/I wish*. If you use it as part of a phrase, you need to use the **subjunctive** with it
e.g. ojalá gane mucho dinero (let's hope I earn a lot of money).

Read this extract from the novel *Hormigas en la playa* by Rafa Moya. Answer the questions in English.

Primero crearé un grupo en Facebook, invitaré a los ex-compañeros del instituto, Serio, Marta, Ester, Pau ... a todos, luego una propuesta ¿Y si organizamos una cena de aniversario? Venga va ¿Por qué no? En Barcelona, el verano que viene. ...

   Mis amigos de la infancia, adolescencia y juventud. ¿Cómo serán ahora? Y los otros ¿Cómo serán todos? ¿En qué se habrán convertido? Alguno habrá muerto, quizá, alguno estará en la cárcel.

   Alguno dirá que tiene su propio negocio y dos hijos preciosos. Otro presumirá de ser emprendedor y algunos no dirán nada. Al menos tendrá una mejor vida que yo, más interesante.

   ¿Y yo? Explicaré que me había convertido en 'uno más': mujer, casa adosada y trabajo mediocre.

1. What is he arranging?
2. Who are the people he mentions?
3. How will he arrange it?
4. What does he wonder about them?
5. Give **four** of his predictions.
6. How will this compare to his life?
7. Give **two** details about him.

Answer the same questions that he asks about your friends in the future: ¿Cómo serán todos? ¿En qué se habrán convertido?

Translate the following into English:
Tengo ganas de viajar a muchos lugares extranjeros después de la universidad. Quisiera pasar un año sabático trabajando para una organización internacional que ofrezca un programa para graduados, estudiantes universitarios, y otros jóvenes profesionales. El objetivo es desarrollar mis habilidades profesionales y aprender sobre las culturas distintas.

ENTERPRISE, EMPLOYABILITY AND FUTURE PLANS | 193

LISTENING

Listen to Lourdes and Rodrigo talking about their future plans. Make notes about what they say – write down at least three details for each person.

GRAMMAR

Some useful phrases for talking about your future plans include:

- en el futuro … (in the future)
- en primer lugar … (firstly)
- luego … (then)
- después de terminar mis estudios … (after finishing my studies)
- al acabar la carrera … (on finishing my degree)
- en los próximos cinco años … (in the next five years)
- a corto plazo … (in the short term)
- a largo plazo … (in the long term)
- más adelante … (further ahead)

SPEAKING

Role play

- Say what sort of work you are interested in
- Say why you chose your subjects
- Say if you think university is important and why
- Ask your friend about their future plans
- Say where you would like to work in the future
- Ask your friend a question about university

WRITING

Escribe un párrafo sobre tus planes para el futuro. Puedes dar más detalles pero tienes que incluir:

- Dónde vivirás
- Qué trabajo harás
- Tus planes personales y las razones

9B CAREER PLANS VOCABULARY GLOSSARY

el/la abogado/a	lawyer
el albañil	builder
el ama de casa (fem.)	housewife
el año sabático	gap year
la asistencia sanitaria/médica	health care
el/la auxiliar de cabina/azafata	air steward/stewardess
el/la camarero/a	waiter
el/la camionero/a	lorry driver
el/la carnicero/a	butcher
el/la carpintero/a	carpenter
la carrera	career/degree
el/la cartero/a	postman
el/la cliente/a	customer, client
la compañía/empresa	firm, company
el/la contable	accountant
el/la dentista	dentist
el desempleo	unemployment
el diploma	qualification
el/la diseñador/a gráfico/a	graphic designer
el/la electricista	electrician
el/la empleador/a	employer
el/la enfermero/a	nurse
la fábrica	works, factory
el/la fontanero/a	plumber
el/la funcionario/a	civil servant
el futuro	future
el/la gerente	manager
las horas flexibles	flexible hours
el/la ingeniero/a	engineer
la licenciatura	degree
el lugar de trabajo	place of work
el/la maestro/a	primary teacher
el/la mecánico/a	mechanic
el/la médico/a	doctor
la oficina	office

el/la panadero/a	baker
el/la patrón/patrona	employer
el/la peluquero/a	hairdresser
el/la periodista	journalist
el/la (agente de) policía	policeman/woman
la profesión	profession
el/la profesor/a	secondary teacher
el/la programador/a	programmer
el puesto	position, job
salario	wage
el/la secretario/a	secretary
el/la soldado	soldier
el taller	workshop, garage
el título	qualification
el/la vendedor/a	salesperson
buscar trabajo	to look for a job
decidir	to decide
encontrar trabajo	to find a job
escribir a máquina	to type
esperar	to hope
estar en paro	to be unemployed
hacerse	to become
ir a la universidad	to go to university
llamar por teléfono	to phone
recibir	to receive
ser famoso/a	to be famous
tener responsabilidades	to have responsibilities
tomarse un año sabático	to take a gap year
vivir en el extranjero	to live abroad
volverse	to become
aconsejable	advisable
deseable	desirable
desempleado/a	unemployed
empleado/a	employed
estar en paro	to be unemployed
parado/a	unemployed

9A POST-16 STUDY
9B CAREER PLANS
GRAMMAR IN CONTEXT

1. USING A VARIETY OF ADJECTIVES

Write a sentence about your studies or career plans using each of the following adjectives. Remember to make them agree with the noun they are describing. Try to use a different tense in each sentence if you can.

- decepcionante
- digno
- estresante
- fascinante
- inesperado

Remember that most adjectives follow the noun they describe. Try to use a variety of adjectives in your Spanish to add detail. See page 204 for more information.

2. *SER* AND *ESTAR*

Translate the following into Spanish using **ser** or **estar**.

1. He is quite clever but he is also arrogant.
2. I pay attention in class and I am prepared to study every day.
3. I am certain that she is at ease in her new school.
4. My new job is boring but I am attentive.

Take care when choosing **ser** or **estar**. See page 220.

3. TALKING ABOUT THE FUTURE IN DIFFERENT WAYS

Write a paragraph about your future plans. Use all of the time phrases on the left to sequence your paragraph and use all of the structures on the right at least once each. You can use them in any order.

En el futuro …	querer + infinitive
En primer lugar …	esperar + infinitive
A corto plazo …	tener la intención de + infinitive
Después de mis exámenes …	ir a + infinitive
Más adelante …	future tense

> Remember to check your Spanish for accuracy. Use your verb tables to help you. See pages 232–239.

4. USING THE SUBJUNCTIVE TO TALK ABOUT YOUR FUTURE PLANS

Choose the correct verb in the subjunctive to complete the gaps.

1. Me gustaría ir al extranjero cuando _____ el colegio.
2. Quizás _____ al extranjero.
3. Tal vez _____ hijos.
4. Ojalá _____ mucho dinero.
5. Es posible que _____ en la universidad.
6. Cuando _____ un título, buscaré un trabajo.

consiga	gane	termine
estudie	tenga	viaje

> Try to learn a few phrases using the subjunctive that you can include in your answers. See page 229 for more details.

5. USING MORE THAN ONE TENSE IN A SENTENCE

Translate the following sentences into Spanish.

1. When I was younger I wanted to be a teacher but now I would prefer to study medicine.
2. I have always been interested in technology and I want to work in an international company.
3. From a young age I have wanted to study languages and I am going to live abroad in the future.
4. For a long time I had been hoping to go to university but I don't want to live far away.

> Try to add more detail by including more than one tense in your Spanish. Use the verb tables on pages 232–239 to help you.

6. REVISING YOUR TENSES

Answer the following questions using the same tense as the question.

1. ¿Qué estudias ahora?
2. ¿Qué estás haciendo en clase ahora mismo?
3. ¿Qué vas a estudiar el año que viene?
4. ¿Qué harás después de tus exámenes?
5. ¿Qué trabajo te gustaría hacer en el futuro?
6. ¿Has visitado alguna universidad?
7. ¿Qué trabajo escolar hiciste la semana pasada?
8. ¿Qué tipo de trabajo querías hacer cuando eras más joven?

> You need to be able to refer to events in the past, present and future with confidence – even on topics about future plans! Make sure that you spend time revising your tenses.

GRAMMAR

GRAMMAR TERMS

It's important to understand what these terms mean as they will be used regularly throughout your GCSE course.

Adjectives: Adjectives describe nouns. They answer the questions: *which? what kind of? how many?* e.g. *big*.

Adverbs: Adverbs describe verbs (and sometimes adjectives and other adverbs). They answer the questions: *how? when? where?* e.g. *regularly*.

Articles: These are the words **the** (definite articles) and **a/an** (indefinite articles).

Comparative: This is a form of an adjective. It's used when adjectives are being used to compare two things e.g. *better*.

Connective/Conjunction: This is a word or phrase that connects two other words or phrases e.g. *because*.

Demonstrative: There are words that demonstrate (point out) e.g. *this, that, these, those*.

Gender: Used for nouns to say if they're masculine or feminine.

Imperative: A form of a verb used when giving instructions or commands.

Infinitive: This is the form of verb you find in the dictionary. In English it always has the word **to** in front of it e.g. *to study*, and in Spanish it ends in **ar**, **er** or **ir**.

Irregular verb: A verb that does not follow regular patterns and has a different form. These usually need to be learned by heart.

Noun: A person, place, thing or idea.

Object: The object is the word in a sentence that has the action happen to it.

Plural: More than one of an item.

Possessive: These are words that imply ownership e.g. *my house*.

Prepositions: These are words that help describe something's location or give other information e.g. *in, on*.

Pronouns: These are words that take the place of nouns.

Reflexive verbs: Reflexive verbs have their action done to the subject of the sentence (the person who is doing the action).

Singular: Refers to only one of an item (as opposed to plural for more than one).

Subject: The person or thing in the sentence that is doing the action.

Superlative: The superlative is *the most* of something e.g. *best, worst, biggest*.

Synonym: A word that has the same meaning as another word.

Tense: This is a change in the verb to reflect a change in time e.g. *past, present, future*.

Verb: These are the action words that are doing something in a sentence.

GRAMMAR GLOSSARY

This is the grammar that needs to be learned and used by all students at GCSE. Some of the grammar points will only be covered in the Higher exam and a few grammar points only need to be recognised – they don't actually have to be used (but if you are looking to get high marks for using complex language in your written and spoken Spanish, then it's worth trying to use some of them).

Grammar points highlighted in this colour need to be learned and used by Higher tier students and recognised (but not necessarily used) by Foundation students.

Any grammar points highlighted in this colour are to be learned and used for Higher tier.

Grammar highlighted in this colour only needs to be recognised (but not necessarily used) for Higher tier.

1. Nouns *p. 203*
   - Masculine and feminine
   - Singular and plural

2. Articles *p. 203*
   - Definite articles (*el/la/los/las*)
   - Indefinite articles (*un/una/unos/unas*)
   - *Lo* (the neuter article)

3. Adjectives *p. 204*
   - Making adjectives agree with the noun
   - Position of adjectives
   - Comparatives and superlatives
   - Demonstrative adjectives (this, that, these, those)
   - Indefinite adjectives
   - Relative adjectives (*cuyo, cuya, cuyos, cuyas*)
   - Possessive adjectives
   - Interrogative adjectives

4. Adverbs *p. 206*
   - Forming adverbs
   - Comparative and superlative adverbs
   - Adverbs of time and place
   - Quantifiers and intensifiers
   - Interrogative adverbs

5. Pronouns *p. 208*
   - Subject pronouns
   - Object pronouns
   - Reflexive pronouns
   - Relative pronouns (*que, quien, lo que, el que, el cual*)
   - Disjunctive pronouns
   - Possessive pronouns
   - Demonstrative pronouns
   - Indefinite pronouns
   - Interrogative pronouns

6. Prepositions *p. 211*
   - Common prepositions
   - *Por* and *para*
   - Common conjunctions
   - Personal *a*

7. Numbers, dates and time *p. 213*
   - Numbers
   - Ordinal numbers (first, second, third etc.)
   - Days of the week
   - Months
   - Seasons
   - Dates
   - Time

8. Time expressions *p. 216*
   - *Desde hace*
   - *Desde hacía*

VERBS

9. Present tense *p. 216*
   - Regular verbs
   - Radical-changing verbs
   - Irregular verbs
   - Reflexive verbs

10. Reflexive phrases *p. 219*

11. Impersonal verbs *p. 219*

12. Uses of *ser* and *estar* *p. 220*

13. Negatives *p. 220*

14. Asking questions (interrogative forms) *p. 220*

15. Gerund *p. 221*

16. Present continuous tense *p. 221*

17. Immediate future tense *p. 222*

18. Future tense *p. 222*

19. Conditional tense *p. 223*

20. Preterite *p. 223*

21. Imperfect tense *p. 225*
    - Using the imperfect tense to describe weather

22. Imperfect continuous tense *p. 226*

23. Perfect tense *p. 227*

24. Pluperfect tense *p. 228*

25. Imperatives *p. 228*

26. Passive voice *p. 229*

27. Subjunctive *p. 229*
    - Present subjunctive
    - Imperfect subjunctive

28. Verb tables *p. 232*
    - Regular verb tables *p. 232*
    - List of common regular verbs *p. 234*
    - Irregular verb tables *p. 236*

1. NOUNS

MASCULINE AND FEMININE

- Nouns are words that name things, people and ideas. In Spanish, all nouns are either masculine or feminine.

- Usually, nouns that end in **o** are masculine and nouns that end in **a** are feminine, but there are some exceptions e.g. *el problema, el planeta la mano, la foto.*

- Nouns ending in **or**, **ón** and **és** tend to be masculine whereas nouns ending in **ión**, **dad** and **tad** are usually feminine.

SINGULAR AND PLURAL

To make nouns plural, you usually:

- Add **s** to nouns ending in a vowel e.g. *libro* → *libros*
- Add **es** to nouns ending in a consonant e.g. *ciudad* → *ciudades*
- Add **ces** to nouns ending in a **z** e.g. *vez* → *veces*
- Add **es** to nouns ending in **ión** but get rid of the accent e.g. *región* → *regiones*

2. ARTICLES

DEFINITE ARTICLES (EL/LA/LOS/LAS)

In Spanish, the word for **the** changes depending on whether the noun it goes with is masculine, feminine, singular or plural e.g. *el hermano* → *los hermanos, la casa* → *las casas.*

INDEFINITE ARTICLES (UN/UNA/UNOS/UNAS)

- The word for **a/an** or **some** also depends on whether the noun it goes with is masculine, feminine, singular or plural e.g. *un coche* → *unos coches, una revista* → *unas revistas.*

- You don't need to use the indefinite article when you are talking about jobs e.g. *mi primo es professor* or when it comes after the verb **tener** in negative sentences e.g. *no tengo abrigo.*

LO (THE NEUTER ARTICLE)

- You can use **lo + adjective** to mean *the … thing*. The adjective after **lo** is always masculine and singular e.g. *lo importante* (the important thing).

- You can also use **lo + adjective + es que** as a really good way to start a sentence e.g. *lo positivo es que …* (the positive thing is that …) or you can use **lo + adjective + es + infinitive** e.g. *lo bueno es ganar dinero* (the good thing is earning money).

3. ADJECTIVES

MAKING ADJECTIVES AGREE WITH THE NOUN

In Spanish, all adjectives (words that describe nouns, people and things) have different endings depending on whether the word they are describing is masculine, feminine, singular or plural. In other words, adjectives always have to *agree* with the noun. They usually follow these patterns:

Adjectives ending in:	Masculine singular	Feminine singular	Masculine plural	Feminine plural
o/a	pequeño	pequeña	pequeños	pequeñas
e	grande	grande	grandes	grandes
or/ora	trabajador	trabajadora	trabajadores	trabajadoras
a consonant	azul	azul	azules	azules

Adjectives of nationality often end in **o** and follow the same patterns as in the table. Some adjectives of nationality that end in a consonant follow a slightly different pattern:

Ending in *s*	inglés	inglesa	ingleses	inglesas
Ending in *l*	español	española	españoles	españolas

Some adjectives don't change at all e.g. *rosa, naranja, cada*.

POSITION OF ADJECTIVES

- Most adjectives in Spanish go after the noun they are describing e.g. *un instituto grande*, but some always come before e.g. *poco, mucho, próximo, ultimo, alguno, ninguno, primero, segundo, tercera*.

- Some adjectives are shortened when they come in front of a masculine singular noun:

    bueno (good) → *buen*   e.g. *es un buen colegio*
    malo (bad) → *mal*   e.g. *hace mal tiempo*
    primero (first) → *primer*   e.g. *es el primer día*
    tercero (third) → *tercer*   e.g. *es mi tercer examen del día*
    alguno (some, any) → *algún*   e.g. *prefiero hacer algún deporte*
    ninguno (none) → *ningún*   e.g. *no tengo ningún libro*

- Notice that an accent is added on *algún* and *ningún*.

- The meaning of *grande* (big) changes to mean *great* when it comes before a noun. It is also shortened before masculine *and* feminine nouns e.g. *un gran colegio, una gran película*.

COMPARATIVES AND SUPERLATIVES

You use comparative adjectives to compare two things and say one is bigger, smaller, better etc. than the other. Superlative adjectives are used to compare two things and say which one is the best, worst, biggest etc.

To form the comparative you can use the following structures:

- **más + adjective + que** (more + adjective + than) e.g. *Madrid es más grande que Toledo* (Madrid is bigger than Toledo)
- **menos + adjective + que** (less + adjective + than) e.g. *el campo es menos ruidoso que la ciudad* (the countryside is less noisy than the city)
- **tan + adjective + como** (as + adjective + as) e.g. *la película es tan interesante como el libro* (the film is as interesting as the book)

The superlative is formed by using the correct form of the adjective with the following structure:

- **el/la/los/las + más/menos + adjective** e.g. *mi casa es la más grande* (my house is the biggest)

These are the irregular comparatives and superlatives:

Adjective	Comparative	Superlative
bueno (good)	*mejor* (better)	*el/la mejor, los/las mejores* (the best)
malo (bad)	*peor* (worse)	*el/la peor, los/las peores* (the worst)

e.g. *es la peor asignatura* (it's the worst subject)

- There are also two other special sorts of irregular comparatives – *mayor* is used for older and *menor* for younger, usually when referring to brothers and sisters e.g. *mi hermano mayor* (my older brother), *mis hermanas menores* (my younger sisters).
- To add extra emphasis to an adjective you can also add the ending *ísimo* after removing the final vowel (where necessary) e.g. *bueno → buenísimo, malo → malísimo*. These are called absolute superlatives.

DEMONSTRATIVE ADJECTIVES (THIS, THAT, THESE, THOSE)

There are three groups of demonstrative adjectives in Spanish. They need to agree with the noun they are describing e.g. *me gustan estos pasteles* (I like these cakes).

	This/These	That/Those (near)	That/Those (further away)
Masc. sing.	este	ese	aquel
Fem. sing.	esta	esa	aquella
Masc. plural	estos	esos	aquellos
Fem. plural	estas	esas	aquellas

INDEFINITE ADJECTIVES

The most common indefinite adjectives you will use are **cada** (each, every), **otro** (another, other), **todo** (each, every, all), **mismo** (same) and **alguno** (some, a few, any). They all need to agree with the noun they are describing except **cada** which never changes.

RELATIVE ADJECTIVES (CUYO, CUYA, CUYOS, CUYAS)

Cuyo means *whose* and has to agree with the noun that follows it e.g. *el colegio, cuyos profesores son muy buenos …* (the school, whose teachers are very good …).

POSSESSIVE ADJECTIVES

- We use possessive adjectives to express ownership e.g. my, your, his. Possessive adjectives must agree with the noun that follows them – NOT the person who 'owns' the noun.

	Singular	Plural
my	mi	mis
your (sing.)	tu	tus
his/her/its	su	sus
our	nuestro	nuestros
your (pl.)	vuestro	vuestros
their	su	sus

e.g. *mis padres* (my parents), *tus amigos* (your friends), *nuestro professor* (our teacher)

- You will sometimes see a long form of these adjectives in certain expressions e.g. *hija mía* (my daughter) and in letter writing e.g. *Muy señores míos* (Dear sirs).

INTERROGATIVE ADJECTIVES

- Use ¿Qué? to ask *What?* e.g. ¿Qué te gusta hacer? (What do you like doing?). It never changes.

- Use ¿Cuál? to ask *Which?* It needs to agree with the noun that follows it e.g. ¿Cuáles asignaturas prefieres? (Which subjects do you like?).

- Use ¿Cuánto? to ask *How much?* It also needs to agree with the noun that follows it e.g. ¿Cuántas asignaturas estudias? (How many subjects do you study?).

4. ADVERBS

FORMING ADVERBS

- Adverbs are usually used to describe a verb to express how, when, where or to what extent something is happening. In other words they describe how an action is done (quickly, regularly, badly etc.) e.g. *juego al tenis raramente* (I rarely play tennis).

- Many Spanish adverbs are formed by adding **mente** to the feminine form of the adjective e.g. *fácil – fácilmente*.

- Some adverbs are completely irregular e.g. *bien* (well), *mal* (badly) e.g. *habla español muy bien* (he speaks Spanish very well).

COMPARATIVE AND SUPERLATIVE ADVERBS

- As with adjectives, you can also make comparisons using *más que* and *menos que* with adverbs e.g. *llego **menos rápidamente** en tren **que** en autobús* (I arrive less quickly by train than by bus).

- Similarly, you can also use superlative adverbs e.g. *ir al cine es **la** actividad que hago **más regularmente*** (going to the cinema is the activity I do most often).

ADVERBS OF TIME AND PLACE

Some useful irregular adverbs include:

hoy	today
mañana	tomorrow
ayer	yesterday
ahora	now
ya	already
a veces	sometimes
a menudo	often
siempre	always
aquí	here
allí	there

QUANTIFIERS AND INTENSIFIERS

Try to add detail to your Spanish by including **quantifiers** and **intensifiers** e.g.

bastante	enough
demasiado	too (much)
un poco	a little
mucho	a lot
muy	very

e.g. Mi colegio es **un poco** antiguo. Los profesores son **demasiado** estrictos.

You have to be careful with **demasiado** as it can be an adjective as well as an adverb, which means that sometimes it has to agree with the noun it is describing.

    For example – *los deberes son **demasiado** difíciles* (homework is too hard) – **demasiado** is describing **difícil** (which means it's an adverb) and doesn't change.

    BUT *tenemos **demasiados** deberes* (we have too much homework) – **demasiado** is describing **los deberes** (which means it's an adjective) so it has to agree.

INTERROGATIVE ADVERBS

These question words all have an accent:

¿Cómo?	(How?)
¿Cuándo?	(When?)
¿Dónde?	(Where?)

5. PRONOUNS

SUBJECT PRONOUNS

The words *I, you, she, we, you* and *they* are called subject pronouns. They are only really used for emphasis in Spanish:

yo	I	*nosotros/as*	we
tú	you (singular)	*vosotros/as*	you (plural)
él	he	*ellos*	they
ella	she	*ellas*	they
usted	you (formal singular)	*ustedes*	you (formal plural)

Remember that there are different ways of saying *you* in Spanish. Use *tú* when you are talking to one person and *vosotros* when you are talking to more than one person. You use *usted* and *ustedes* to mean *you* in formal situations (e.g. a job interview, talking to your head teacher, talking to someone you don't know).

OBJECT PRONOUNS

There are two types of object pronouns: direct and indirect.

- **Direct-object pronouns**

   These are used to replace a noun that is not the subject of the verb e.g. using *it* instead of the noun itself.

me	me
te	you
lo	him/it
la	her/it
nos	us
os	you
los/las	them

- **Indirect-object pronouns**

   These are used to replace a noun which is not the direct object of the verb e.g. I gave it *to them*.

me	(to) me
te	(to) you
le	(to) him/her/it
nos	(to) us
os	(to) you
les	(to) them

- Direct- and indirect-object pronouns come in front of the verb e.g. **lo** *hice* (I did **it**), **los** *compré* (I bought **them**), **le** *voy a escribir* (I am going to write **to him**), *los profesores* **nos** *dan mucho trabajo* (the teachers give a lot of work **to us**). They also come after a negative word e.g. *no* **lo** *tengo* (I don't have **it**).

- They also go at the end of an infinitive/gerund or at the beginning of the sentence when used with the immediate future or present continuous e.g. *voy a comprar***lo**/**lo** *voy a comprar* (I am going to buy it) or *estoy haciéndo***lo**/**lo** *estoy haciendo* (I am doing it).

- If you use two pronouns in the same sentence, the indirect-object pronoun always comes before the direct-object pronoun e.g. *mis amigos* **me lo** *dieron* (my friends gave **it to me**).

REFLEXIVE PRONOUNS

You use reflexive pronouns (*me, te, se, nos, os, se*) when the subject and the object of the verb are the same. They come before the verb e.g. *me visto* (**I** get myself dressed), *nos levantamos* (**we** get ourselves up).

RELATIVE PRONOUNS (QUE, QUIEN, LO QUE, EL QUE, EL CUAL)

You use relative pronouns to link phrases together.

- **Que** can refer to people or things and means *who*, *that* or *which*. We often leave this out in English but you always have to include it in Spanish e.g. *el chico **que** vive en la misma calle* (the boy **who** lives in the same street), *las asignaturas **que** estudio* (the subjects **which/that** I study).

- **Quien** and **quienes** (plural) mean *who* and can only be used for people e.g. *mi hermano, **quien** es estudiante, no vive en casa* (my brother, **who** is a student, doesn't live at home), *mis profesores, **quienes** son muy estrictos, nos dan muchos deberes* (my teachers, **who** are very strict, give us lots of homework).

- **Lo que** is used to mean *what* (or *that which*) when you are talking about a **general** idea e.g. ***lo que** no me gusta de mi colegio es que los profesores son estrictos* (**what** I don't like about my school is that the teachers are strict), ***lo que** prefiero es escuchar música* (**what** I prefer is listening to music).

- You use **el que, la que, los que** and **las que** to refer to both people and things e.g. *mi profesor, **el que** enseña historia, es muy gracioso* (my teacher, **the one who** teaches history, is very funny), *mis vecinos, **los que** viven en la casa enorme, tienen mucho dinero* (my neighbours, **the ones who** live in the enormous house, have lots of money).

- **El cual, la cual, los cuales** and **las cuales** mean exactly the same thing as *el que, la que, los que* and *las que* and work in exactly the same way. They aren't really used much in conversation but you might see them in written texts.

DISJUNCTIVE PRONOUNS

- Disjunctive pronouns (**mí, ti, él, ella, usted, nosotros, vosotros, ellos, ellas, ustedes**) are also called emphatic pronouns because you use them for emphasis e.g. *para **mí**, lo más importante es …* (for **me**, the most important thing is …), *para **nosotros**, las vacaciones son esenciales* (for **us**, holidays are essential).

- You can also use them after a pronoun for emphasis e.g. *a **mí**, no me gusta el uniforme* (**me**, I don't like uniform).

- There is a special form for *with me* and *with you*. You use **conmigo** for *with me* e.g. *mis amigos vienen **conmigo*** (my friends are coming **with me**) and **contigo** for *with you (tú)* e.g. *¿Puedo venir **contigo**?* (Can I come **with you**?).

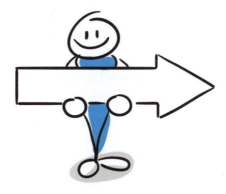

POSSESSIVE PRONOUNS

Instead of saying *my* book, *your* house, *his* car etc. you can use a possessive pronoun to say mine, yours, his etc. They need to agree with the noun they are replacing depending on if it is masculine, feminine, singular or plural.

	Masculine	Feminine	Masculine plural	Feminine plural
mine	el mío	la mía	los míos	las mías
yours	el tuyo	la tuya	los tuyos	las tuyas
his/hers/its	el suyo	la suya	los suyos	las suyas
ours	el nuestro	la nuestra	los nuestros	las nuestras
yours	el vuestro	la vuestra	los vuestros	las vuestras
theirs	el suyo	la suya	los suyos	las suyas

DEMONSTRATIVE PRONOUNS

- Demonstrative pronouns are used instead of a noun to avoid repeating it. You use the same words as demonstrative adjectives but they have an accent on them.

	This one/These ones	That one/Those ones (near)	That one/Those ones (further away)
Masc. sing.	éste	ése	áquel
Fem. sing.	ésta	ésa	áquella
Masc. plural	éstos	ésos	áquellos
Fem. plural	éstas	ésas	áquellas

- You can also use the 'neuter' forms **esto, eso** and **aquello** for a general idea e.g. *eso no me interesa* (that doesn't interest me), *esto me parece importante* (this seems important to me).

- It's also useful to know **aquí** (here), **allí** (there) and **allá** (over there – further away).

INDEFINITE PRONOUNS

- The Spanish for *something* is **algo** e.g. *me gustaría hacer **algo** relacionado con la tecnología* (I would like to do **something** related to technology).

- The Spanish for *someone* is **alguien** e.g. *busco a **alguien** importante* (I am looking for **someone** important).

INTERROGATIVE PRONOUNS

- Interrogative pronouns such as *cuál, cuáles* (what, which one), *qué* (what), *quién, quiénes* (who), usually come at the start of a sentence e.g. ¿Cuál es tu asignatura preferida? (What is your favourite subject?), ¿Quiénes son tus mejores amigos? (Who are your best friends?).

- If you use a preposition with these question words, then the preposition comes first:

¿De qué?	About what? Of what?
¿A quién(es)?	Whom?
¿Con *quién(es)*?	With whom?
¿De quién(es)?	Whose?
¿Por qué?	Why? (For what reason?)
¿Para qué?	Why? (For what purpose?)

6. PREPOSITIONS

COMMON PREPOSITIONS

- Prepositions are linking words which usually show direction, location or time. The most common prepositions are:

a	to, at
con	with
de	of, from
en	in, on, at

- Some common prepositions of time include:

antes de	before
después de	after
hasta	until

- Because the following prepositions relate to location or direction, you usually see them after the verb *estar*:

cerca de	near
al lado de	next to
delante de	in front of
dentro de	inside
detrás de	behind
encima de	on top of
enfrente de	opposite
entre	between
fuera de	outside of
lejos de	far from

POR AND PARA

- **Por** and **para** both mean *for* but they are used in different ways. **Por** usually refers to movement through time or places, whereas **para** refers to destinations or purposes.
- **Por** has many uses but you will see it used most often to mean *through, along* and *per*. It can be used to show the following things:
    - Motion or place e.g. *caminan **por** las calles* (they walk **through** the streets).

- How something is done e.g. *lo envío **por** correo electrónico* (I'm sending it **by** e-mail).
- Per e.g. *me pagan cinco libras por hora* (they pay me five pounds **per** hour).

- Here are some common phrases that you will see with **por**:

por ejemplo	for example
por favor	please
por ciento	per cent
por supuesto	of course
por lo tanto	therefore

- The preposition **para** is used, amongst other things, to mean *in order to, for the purpose of, intended for*. It can show the following things:

    - Destination/person e.g. *el café es **para** mi madre* (the coffee is **for** my mother).
    - Purposes/goals e.g. *trabajo muy duro **para** sacar buenas notas* (I work very hard **in order to** get good grades).
    - Opinions e.g. *para mí, es muy importante* (for me, it's very important).

COMMON CONJUNCTIONS

- Conjunctions or connectives are used to make extended sentences and include more detail in your written and spoken Spanish. The most common are:

y	and
pero	but
o	or
porque	because
si	if
también	also

- Remember that **y** changes to **e** before words beginning with **i** or **hi** e.g. *estudio francés **e** inglés* (I study French and English).

- **O** changes to **u** before words beginning with **o** or **ho** e.g. *trabajo siete **u** ocho horas* (I work seven or eight hours).

- Some other useful connectives include:

además	furthermore/what's more
así que	so/therefore
aunque	although
mientras	while/meanwhile
por lo tanto	therefore
sin embargo	however

PERSONAL A

When the object of a verb is a person e.g. *I am looking for **Alex**, I saw **Luisa** in the shop*, you need to include the **personal *a*** before that person e.g. *busco **a** Alex, vi **a** Luisa en la tienda*.

7. NUMBERS, DATES AND TIME

NUMBERS

Start by learning numbers 0–30:

0	cero	7	siete	14	catorce	21	veintiuno	28	veintiocho
1	uno	8	ocho	15	quince	22	veintidós	29	veintinueve
2	dos	9	nueve	16	dieciséis	23	veintitrés	30	treinta
3	tres	10	diez	17	diecisiete	24	veinticuatro		
4	cuatro	11	once	18	dieciocho	25	veinticinco		
5	cinco	12	doce	19	diecinueve	26	veintiséis		
6	seis	13	trece	20	veinte	27	veintisiete		

Next, make sure that you can count in 10s up to 100:

10	diez	60	sesenta
20	veinte	70	setenta
30	treinta	80	ochenta
40	cuarenta	90	noventa
50	cincuenta	100	cien

Then make sure that you can fill in the gaps between 31–100. The same pattern continues all the way to 100:

31	treinta y uno	36	treinta y seis	41	cuarenta y uno
32	treinta y dos	37	treinta y siete	42	cuarenta y dos
33	treinta y tres	38	treinta y ocho	43	cuarenta y tres etc.
34	treinta y cuatro	39	treinta y nueve		
35	treinta y cinco	40	cuarenta		

Cien is 100 but from 101–199 you use **ciento**:

101	ciento uno
102	ciento dos
103	ciento tres etc.

To get to 1000, all of the rules you have learned so far continue to apply. All you need to do now is learn to count by 100s all the way to 1000:

100	cien
200	doscientos
300	trescientos
400	cuatrocientos
500	quinientos
600	seiscientos
700	setecientos
800	ochocientos
900	novecientos
1000	mil

Beyond 1000, all the same rules apply:

    2000   dos mil
    3000   tres mil
    4000   cuatro mil etc.

ORDINAL NUMBERS (FIRST, SECOND, THIRD ETC.)

primero	first
segundo	second
tercero	third
cuarto	fourth
quinto	fifth
sexto	sixth
séptimo	seventh
octavo	eighth
noveno	ninth
décimo	tenth

Ordinal numbers usually go before the noun and work like adjectives. In other words, they need to agree with the nouns they are describing e.g. *la **segunda** hora* (the **second** hour), *mis **primeros** días* (my **first** days).

DAYS OF THE WEEK

Days of the week don't need a capital letter in Spanish.

lunes	Monday
martes	Tuesday
miércoles	Wednesday
jueves	Thursday
viernes	Friday
sábado	Saturday
domingo	Sunday

MONTHS

Like the days of the week, the months don't need a capital letter either.

enero	January
febrero	February
marzo	March
abril	April
mayo	May
junio	June
julio	July
agosto	August
septiembre	September
octubre	October
noviembre	November
diciembre	December

To express *in a certain month* use the preposition **en** e.g. *voy a Francia **en** agosto* (I'm going to France **in** August).

SEASONS

la primavera	spring
el verano	summer
el otoño	autumn
el invierno	winter

DATES

- Use normal numbers for dates e.g. *el seis de junio* (the sixth of June), *el treinta y uno de agosto* (the thirty-first of August).

- Use *el primero* for the first of the month e.g. *el primero de enero* (the first of January).

TIME

The verb **ser** is used to express the time of day. Use **es** when referring to one o'clock and use **son** when referring to all other hours.

Es la una	It's one o'clock
Son las dos	It's two o'clock
Son las tres	It's three o'clock
Son las cuatro	It's four o'clock

Minutes can be added to the hour using the word **y** (and).

Es la una y cinco	It's five minutes past one
Son las tres y doce	It's twelve minutes past three
Son las once y veinte	It's twenty past eleven

Minutes can be taken away from the hour (i.e. *ten to*, *five to*) using the word **menos** (less).

Es la una menos diez	It's ten minutes to one
Son las tres menos veinticinco	It's twenty-five minutes to three

You use **y media** (half past), **y cuarto** (quarter past) and **menos cuarto** (quarter to).

Es la una y media	It's half past one
Son las diez y cuarto	It's quarter past ten
Son las cinco menos cuarto	It's quarter to three

To say something happens at a specific time, use **a + la(s) + time** e.g. *las clases empiezan **a las nueve*** (lessons start at nine o'clock).

8. TIME EXPRESSIONS

DESDE HACE
You can use **desde hace** with the present tense to say how long you have been doing something e.g. *Juego al tenis desde hace cinco años* (I've been playing tennis for five years).

DESDE HACÍA
If you want to say how long you **had been doing** something in the past, you can use **desde hacía** with the imperfect tense e.g. *Jugaba al baloncesto desde hacía tres meses* (I had been playing basketball for three months).

VERBS
9. PRESENT TENSE

The present tense is used to talk about what usually happens e.g. *normalmente juego al fútbol* (I normally play football), what things are like e.g. *mi colegio tiene mil alumnos* (my school has a thousand pupils) and what is happening now e.g. *hago mis deberes* (I'm doing my homework).

REGULAR VERBS
To form the present tense of regular **ar**, **er** and **ir** verbs, you cross off the **ar/er/ir** and add the following endings:

	escuch**ar** (to listen)	beb**er** (to drink)	viv**ir** (to live)
(yo)	escuch**o**	beb**o**	viv**o**
(tú)	escuch**as**	beb**es**	viv**es**
(él/ella/usted)	escuch**a**	beb**e**	viv**e**
(nosotros)	escuch**amos**	beb**emos**	viv**imos**
(vosotros)	escuch**áis**	beb**éis**	viv**ís**
(ellos/ellas/ustedes)	escuch**an**	beb**en**	viv**en**

See p. 234 for a list of common regular **ar**, **er** and **ir** verbs that all follow these patterns.

RADICAL-CHANGING VERBS

These verbs are formed in the same way as regular verbs (cross off the **ar/er/ir** and add the present tense endings) but they have different forms for every part of the verb apart from *nosotros* and *vosotros*. There are three main groups of radical-changing verbs:

	u/o → ue e.g. dormir (to sleep)	e → ie e.g. empezar (to start)	e → i e.g. repetir (to repeat)
(yo)	duermo	empiezo	repito
(tú)	duermes	empiezas	repites
(él/ella/usted)	duerme	empieza	repite
(nosotros)	dormimos	empezamos	repetimos
(vosotros)	dormís	empezáis	repetís
(ellos/ellas/ustedes)	duermen	empiezan	repiten

Other examples of verbs that follow these patterns are:

u/o → ue	
infinitive	*yo* form
jugar (to play)	juego
poder (to be able)	puedo
acostarse (to go to bed)	me acuesto
encontrar (to find/meet)	encuentro
volver (to return)	vuelvo

e → ie	
infinitive	*yo* form
despertarse (to wake up)	me despierto
entender (to understand)	entiendo
pensar (to think)	pienso
perder (to lose)	pierdo
preferir (to prefer)	prefiero
querer (to want)	quiero
recomendar (to recommend)	recomiendo

e → i	
infinitive	*yo* form
p**e**dir (to ask for)	p**i**do
s**e**rvir (to serve)	s**i**rvo
v**e**stirse (to get dressed)	me v**i**sto

IRREGULAR VERBS

Irregular verbs don't follow the normal patterns of regular **ar**, **er** and **ir** verbs. You need to learn these by heart. The two most common irregular verbs are:

	ser (to be)	ir (to go)
(*yo*)	soy	voy
(*tú*)	eres	vas
(*él/ella/usted*)	es	va
(*nosotros*)	somos	vamos
(*vosotros*)	sois	vais
(*ellos/ellas/ustedes*)	son	van

Look at the verb tables on p. 236 for other irregular verbs e.g. *decir* (to say), *venir* (to come) and *ver* (to see).

Some verbs are irregular in the **yo** form but follow the regular present tense patterns in the other forms:

infinitive	*yo* form
conducir (to drive)	conduzco
conocer (to know)	conozco
dar (to give)	doy
estar (to be)	estoy
hacer (to make/do)	hago
poner (to put)	pongo
saber (to know)	sé
salir (to go out)	salgo
tener (to have)	tengo
traer (to bring)	traigo

REFLEXIVE VERBS

Reflexive verbs describe an action that you do to yourself. They work in the same way as other verbs but need a reflexive pronoun (**me, te, se, nos, os, se**) in front of the verb.

	levantar**se** (to get up)
(yo)	**me** levanto
(tú)	**te** levantas
(él/ella/usted)	**se** levanta
(nosotros)	**nos** levantamos
(vosotros)	**os** levantáis
(ellos/ellas/ustedes)	**se** levantan

In the infinitive, the reflexive pronoun goes at the **end** of the verb e.g. *ducharse*. If you are using an infinitive in a construction e.g. *tener que + infinitve* then you will need to change the reflexive pronoun to be the same as the person doing the action e.g. *tengo que levantarme temprano* (I have to get up early tomorrow).

10. REFLEXIVE PHRASES

You can use the third person singular (*él/ella/usted*) form of the reflexive verb in certain phrases:

- **se puede + infinitive** (you can) e.g. *se puede visitar el museo* (you can visit the museum)
- **se debe + infinitive** (you must) e.g. *se debe hacer los deberes* (you must do homework)
- **se necesita + infinitive *or* noun** (you need) e.g. *se necesita trabajar muy duro* (you need to work very hard), *se necesita mucho dinero* (you need a lot of money)
- **se habla de + noun** (you talk about, people talk about) e.g. *se habla del problema de la pobreza* (people talk about the problem of poverty)

11. IMPERSONAL VERBS

- **Gustar** (to like) and **encantar** (to love) are impersonal verbs and don't work in the same way as other verbs. Use **gusta/encanta** for single things or an activity (using a verb) e.g. *me gusta la ropa* (I like clothes), *me encanta diseñar* (I love designing).
  Use **gustan/encantan** for two or more things e.g. *me gustan los deportes* (I like sports), *me encantan la ropa y la joyería* (I love clothes and jewellery).

- You also need to use **indirect-object pronouns** (**me, te, le, nos, os, les**) in front of the verb to say who is doing the liking e.g. *le gusta* (he likes it), *nos gustan* (we like them).

- Use **mucho** to say you like something a lot e.g. *me gusta mucho*.

12. USES OF *SER* AND *ESTAR*

Both **ser** and **estar** mean *to be* but in different ways.

- **Ser** is used with physical description, personality and character, nationality, race, gender, professions, what things are made of, dates, days, seasons, time and possession e.g. ***soy*** *alto* (I am tall), ***es*** *el ocho de diciembre* (it's the eighth of December).

- **Estar** is used with feelings, moods, emotions, physical conditions or appearances, marital status and location of things and people e.g. ***estoy*** *cansada* (I am tired), ***están*** *separados* (they are separated).

13. NEGATIVES

- To make a sentence negative you usually put **no** before the verb e.g. ***no*** *tengo hermanos* (I don't have any brothers or sisters).

- Another common negative word is **nunca** which means *never*. It can go at the start of the sentence instead of **no** e.g. ***nunca*** *voy a tener hijos* (I'm never going to have children) or you can put **no** at the start and **nunca** at the end of the sentence e.g. ***no*** *voy a tener hijos* ***nunca***.

- Other negatives include:

    nada (nothing) e.g. *no tengo nada* (I don't have anything)
    nadie (nobody) e.g. *nadie fue a la fiesta* (nobody went to the party)
    ningún (-o, -a, -os, -as) (no, none) e.g. *no tengo ningunos deberes* (I don't have any homework)
    tampoco (neither, not either) e.g. *no me gusta la historia tampoco* (I don't like history either)
    ni … ni (neither … nor) e.g. *no me gusta ni el tenis ni el rubgy* (I don't like tennis or rugby)

14. ASKING QUESTIONS (INTERROGATIVE FORMS)

Asking questions in Spanish is easy. You can turn statements into questions by adding question marks. This works in any tense e.g. ¿*Vamos a salir?* (Are we going to go out?), ¿*Fuiste al teatro?* (Did you go to the theatre?), ¿*Irás a la playa?* (Will you go to the beach?).
Or you can use a question word – remember that they need accents.

¿Cómo?	How?
¿Qué?	What?
¿Quién? ¿Quiénes?	Who?
¿Dónde?	Where?
¿Cuál? ¿Cuáles?	Which?
¿Cuándo?	When?
¿Por qué?	Why?
¿Adónde?	Where (to)?
¿Cuánto?	How much?

15. GERUND

The gerund is also called the **present participle**. It is the equivalent of the **ing** form in English e.g. *swimming, dancing, playing*.

- To form the gerund of **ar** verbs you take off the **ar** and add **ando** e.g. *hablar* → *habl**ando***.
- To form the gerund of **er/ir** verbs you take off the **er/ir** and add *iendo* e.g. *beber* → *beb**iendo***, *vivir* → *viv**iendo***.

Look at the verb tables on p. 236 for irregular gerunds. Here are some examples:

dormir (to sleep)	→ durmiendo
leer (to read)	→ leyendo
ir (to go)	→ yendo
ser (to be)	→ siendo

Be careful because sometimes we use a gerund in English when you would use an infinitive in Spanish e.g. *me gusta nadar* (I like swimming).

16. PRESENT CONTINUOUS TENSE

The present continuous is used to say what is happening at the time of speaking. The **gerund** is used with the present tense of the verb **estar** to form the present continuous e.g. *estoy haciendo mis deberes* (I am doing my homework).

	present tense of *estar*	gerund
(yo)	estoy	hablando estudiando escuchando música etc.
(tú)	estás	
(él/ella/usted)	está	
(nosotros)	estamos	
(vosotros)	estáis	
(ellos/ellas/ustedes)	están	

17. IMMEDIATE FUTURE TENSE

Ir a + infinitive is a really useful way to include another tense in your Spanish. It's called the immediate future and it's used to say what you are going to do or what is going to happen e.g. **Voy a tener** hijos dentro de diez años (I'm going to have children in ten years). It is formed with the present tense of **ir** followed by the infinitive.

	Present tense of *ir*	a	Infinitive
(yo)	voy		salir
(tú)	vas		visitar
(él/ella/usted)	va		vivir etc.
(nosotros)	vamos		
(vosotros)	vais		
(ellos/ellas/ustedes)	van		

18. FUTURE TENSE

The future tense is used to say what **will** happen. To form the future tense, add the correct ending to the infinitive of the verb.

	ar verbs	**er** verbs	**ir** verbs
	estud**iar** (to study)	aprend**er** (to learn)	viv**ir** (to live)
(yo)	estudiar**é**	aprender**é**	vivir**é**
(tú)	estudiar**ás**	aprender**ás**	vivir**ás**
(él/ella/usted)	estudiar**á**	aprender**á**	vivir**á**
(nosotros)	estudiar**emos**	aprender**emos**	vivir**emos**
(vosotros)	estudiar**éis**	aprender**éis**	vivir**éis**
(ellos/ellas/ustedes)	estudiar**án**	aprender**án**	vivir**án**

All verbs use the same endings but for some verbs you add the endings on to an irregular form e.g. *hacer* ➔ *har*é, *salir* ➔ *saldr*é, *tener* ➔ *tendr*é. Check the irregular verb tables on pp. 236–239 for other irregular verbs in the future tense.

19. CONDITIONAL TENSE

You use the conditional in Spanish to say *would*. The most common conditional verb that you will probably use is **me gustaría** (I would like).

The conditional tense is formed by adding the conditional endings to the infinitive of the verb.

	ar verbs estudi**ar** (to study)	**er** verbs aprend**er** (to learn)	**ir** verbs viv**ir** (to live)
(yo)	estudiar**ía**	aprender**ía**	vivir**ía**
(tú)	estudiar**ías**	aprender**ías**	vivir**ías**
(él/ella/usted)	estudiar**ía**	aprender**ía**	vivir**ía**
(nosotros)	estudiar**íamos**	aprender**íamos**	vivir**íamos**
(vosotros)	estudiar**íais**	aprender**íais**	vivir**íais**
(ellos/ellas/ustedes)	estudiar**ían**	aprender**ían**	vivir**ían**

The irregular verbs in the conditional are the same as for the future tense. See the verb tables on p. 236.

20. PRETERITE

You use the preterite to talk about completed actions in the past e.g. *I went to the cinema, I did my homework*.

The preterite is formed by crossing the **ai/ir/er** endings off the infinitive and adding the preterite endings.

	ar verbs habl**ar** (to speak)	**er** verbs com**er** (to eat)	**ir** verbs recib**ir** (to receive)
(yo)	habl**é**	com**í**	recib**í**
(tú)	habl**aste**	com**iste**	recib**iste**
(él/ella/usted)	habl**ó**	com**ió**	recib**ió**
(nosotros)	habl**amos**	com**imos**	recib**imos**
(vosotros)	habl**asteis**	com**isteis**	recib**isteis**
(ellos/ellas/ustedes)	habl**aron**	com**ieron**	recib**ieron**

The most common irregular verbs in the preterite are:

	ser/ir (to be/to go)	**hacer** (to make/do)	**tener** (to have)
(yo)	fui	hice	tuve
(tú)	fuiste	hiciste	tuviste
(él/ella/usted)	fue	hizo	tuvo
(nosotros)	fuimos	hicimos	tuvimos
(vosotros)	fuisteis	hicisteis	tuvisteis
(ellos/ellas/ustedes)	fueron	hicieron	tuvieron

- See the verb tables on pp. 236–239 for more irregular verbs in the preterite e.g. *estar* (to be), *ver* (to see) and *dar* (to give).

- Some verbs in the preterite have irregular spellings in the **yo** form e.g.

    empezar (to start/begin) → *empecé*
    jugar (to play) → *jugué*
    llegar (to arrive) → *llegué*

- Some verbs in the preterite have irregular spellings in the third person singular *(él/ella/usted)* and plural *(ellos/ellas/ustedes)* forms e.g.

    leer (to read) → *leyó, leyeron*
    caer (to fall) → *cayó, cayeron*

21. IMPERFECT TENSE

- The imperfect tense is used to describe repeated or continuous actions in the past, to describe what something or someone was like in the past, and to say what people used to do or what things used to be like e.g. *iba a pie todos los días* (I walked every day), *mi escuela primaria era muy pequeña* (my primary school was very small), *en el pasado jugaba al tenis* (in the past I used to play tennis).

- To form the imperfect you cross off the **ar/er/ir** endings of the infinitives and add the following endings:

	ar verbs jugar (to play)	**er** verbs hacer (to make/do)	**ir** verbs vivir (to live)
(yo)	jug**aba**	hac**ía**	viv**ía**
(tú)	jug**abas**	hac**ías**	viv**ías**
(él/ella/usted)	jug**aba**	hac**ía**	viv**ía**
(nosotros)	jug**ábamos**	hac**íamos**	viv**íamos**
(vosotros)	jug**abais**	hac**íais**	viv**íais**
(ellos/ellas/ustedes)	jug**aban**	hac**ían**	viv**ían**

There are three irregular verbs in the imperfect tense:

	ir (to go)	**ser** (to be)	**ver** (to see)
(yo)	iba	era	veía
(tú)	ibas	eras	veías
(él/ella/usted)	iba	era	veía
(nosotros)	íbamos	éramos	veíamos
(vosotros)	ibais	erais	veíais
(ellos/ellas/ustedes)	iban	eran	veían

The imperfect of **hay** (there is/there are) is **había** (there was/there were). **Había** is useful for describing things in the past.

USING THE IMPERFECT TENSE TO DESCRIBE WEATHER

You need the imperfect tense to describe weather in the past.

Present	Imperfect
hace sol/calor etc.	hacía sol/calor
está frío/nublado etc.	estaba frío/nublado etc.
nieve	nevaba
llueve	llovía

22. IMPERFECT CONTINUOUS TENSE

The imperfect continuous is used to say what **was** happening at the time of speaking. The **gerund** is used with the imperfect tense of the verb **estar** to form the imperfect continuous e.g. *estaba haciendo mis deberes* (I was doing my homework).

	Imperfect tense of *estar*	Gerund
(yo)	estaba	hablando estudiando escuchando música etc.
(tú)	estabas	
(él/ella/usted)	estaba	
(nosotros)	estábamos	
(vosotros)	estabais	
(ellos/ellas/ustedes)	estaban	

23. PERFECT TENSE

- Use the perfect tense to say what you **have done** recently. It is formed with the present tense of the verb **haber** followed by the **past participle**. The past participle usually ends in **ed** in English e.g. *watched, played, visited*.

- To form the past participle for **ar** verbs you cross off the **ar** and add **ado**. For **er/ir** verbs cross off the **er/ir** and add **ido** e.g.

    estudiar (to study) → *estudiado* (studied)
    comer (to eat) → *comido* (eaten)
    vivir (to live) → *vivido* (lived)

	Present tense of *haber*	Past participle
(yo)	he	visitado hablado bebido etc.
(tú)	has	
(él/ella/usted)	ha	
(nosotros)	hemos	
(vosotros)	habéis	
(ellos/ellas/ustedes)	han	

Some verbs have irregular past participles:

Infinitive	Past participle
decir (to say)	dicho
escribir (to write)	escrito
hacer (to make/do)	hecho
poner (to put)	puesto
ver (to see)	visto
volver (to return)	vuelto

24. PLUPERFECT TENSE

You use the pluperfect tense to say what you **had done**. To form the pluperfect tense you use the imperfect tense of the verb **haber** followed by the past participle.

	Imperfect tense of *haber*	Past participle
(yo)	había	visto ido estudiado etc.
(tú)	habías	
(él/ella/usted)	había	
(nosotros)	habíamos	
(vosotros)	había	
(ellos/ellas/ustedes)	habían	

25. IMPERATIVES

- Imperatives are used to give commands and instructions e.g. *Do your homework! Sit down!* The form you use depends on who you are speaking to (*tú, vosotros, usted* or *ustedes*) and if the command is positive (*Stand up!*) or negative (*Don't stand up!*).

- To form positive commands for the *tú* form, just take the **s** off the *tú* form of the present tense e.g. *hablas* (you speak) → ¡habla! (speak!), *trabajas* (you work) → ¡trabaja! (work!).

- These verbs have irregular imperatives in the *tú* form:

    | *decir* (to say) | → *di* |
    | *hacer* (to make/do) | → *haz* |
    | *salir* (to go out) | → *sal* |
    | *ser* (to be) | → *sé* |
    | *tener* (to have) | → *ten* |

- To form positive commands for the *vosotros* form, change the **r** at the end of the infinitive to a **d** e.g. *hablar* → *hablad, correr* → *cored*.

- You can use the third person singular (*él/ella/usted*) or plural (*ellos/ellas/ustedes*) form of the present subjunctive (see point 27) for formal commands e.g. ¡*tome!* (take!), ¡*trabaja!* (work!).

- You also need to use the present subjunctive form for all negative commands:

	tú	vosotros	usted	ustedes
estudi**ar**	no estudies	no estudiéis	no estudie	no estudien
beb**er**	no bebas	no bebáis	no beba	no beban
decid**ir**	no decidas	no decidáis	no decida	no decidan

26. PASSIVE VOICE

- The passive is formed with **ser + past participle** and is used to say what is done to someone or something e.g. *mi colegio fue contruido en los años noventa* (my school was built in the nineties). You need to remember to make the past participle agree as well e.g. *mi casa fue construid**a** el año pasado* (my house was built last year).

- The passive is not very common in Spanish – it is more common to avoid the passive by using the pronoun **se** and the third person singular (*él/ella/ustedes*) or plural (*ellos/ellas/ustedes*) forms e.g. *se recicla el papel en el contenedor verde* (paper is recycled in the green container) instead of *el papel es reciclado en el contenedor verde*, *se venden libros en la tienda* (books are sold in the shop) instead of *los libros son vendidos en la tienda*.

27. SUBJUNCTIVE

PRESENT SUBJUNCTIVE

The present subjunctive is a special form of the verb which is used in certain situations. You use it:

- To express doubt, uncertainty and possibility e.g. *no creo que **vengan** a la fiesta* (I don't think they will come to the party).
- After verbs of emotion e.g. *me alegro de que mi hermana **esté** aquí* (I'm glad that my sister is here).
- For wishes, advice and requests such as *querer que* and *pedir que* e.g. *mis padres quieren que **vaya** a la universidad* (my parents want me to go to university).
- After *para que* when it means *in order to* e.g. *mis padres me ayudan para que saque buenas notas* (my parents help me so that/in order that I get good marks).
- After time phrases like *cuando*, *hasta que*, *antes de que* etc. when you are talking about the future e.g. *cuando **termine** mis estudios* (when I finish my studies).
- After the expression *ojalá* to say what you hope will happen e.g. *ojalá **haga** calor* (let's hope it's hot).
- In certain exclamations e.g. ¡Viva! ¡Dígame!

You form the present subjunctive by taking the final **o** off the **yo** form of the present tense and adding the present subjunctive endings:

	estudi**ar**	beb**er**	viv**ir**
(yo)	estudi**e**	beb**a**	viv**a**
(tú)	estudi**es**	beb**as**	viv**as**
(él/ella/usted)	estudi**e**	beb**a**	viv**a**
(nosotros)	estudi**emos**	beb**amos**	viv**amos**
(vosotros)	estudi**éis**	beb**áis**	viv**áis**
(ellos/ellas/ustedes)	estudi**en**	beb**an**	viv**an**

Some key irregular verbs that you might see are:

	ser (to be)	**hacer** (to make/do)	**ir** (to go)	**tener** (to have)
(yo)	sea	haga	vaya	tenga
(tú)	seas	hagas	vayas	tengas
(él/ella/usted)	sea	haga	vaya	tenga
(nosotros)	seamos	hagamos	vayamos	tengamos
(vosotros)	seáis	hagáis	vayáis	tengáis
(ellos/ellas/ustedes)	sean	hagan	vayan	tengan

IMPERFECT SUBJUNCTIVE

- One form of the imperfect subjunctive that is often used is **quisiera** which is used to say what you would like. It's not as common as using **me gustaría** but it means the same thing.

- The imperfect subjunctive is used in the same way as the present subjunctive, but for past tense sentences. There are two forms that you might see – the most common is the one ending in **ra** but you will also see the **se** form as well. The stem is always taken from the third person singular (él/ella/usted) of the preterite form with the **ron** removed.

- You might use the imperfect subjunctive in **si sentences** (si + imperfect subjunctive, followed by the conditional) e.g. *si ganara la lotería, viajaría por todo el mundo* (if I won the lottery, I would travel all over the world), *si tuviera un trabajo, estaría muy contento* (if I found a job I would be very happy).

hablar		comer		vivir	
ra form	**se** form	**ra** form	**se** form	**ra** form	**se** form
habla**ra**	habla**se**	comie**ra**	comie**se**	vivie**ra**	vivie**se**
habla**ras**	habla**ses**	comie**ras**	comie**ses**	vivie**ras**	vivie**ses**
habla**ra**	habla**se**	comie**ra**	comie**se**	vivie**ra**	vivie**se**
hablá**ramos**	hablá**semos**	comié**ramos**	comié**semos**	vivié**ramos**	vivié**semos**
habla**rais**	habla**seis**	comie**rais**	comie**seis**	vivie**rais**	vivie**seis**
habla**ran**	habla**sen**	comie**ran**	comie**sen**	vivie**ran**	vivie**sen**

28. VERB TABLES

REGULAR VERB TABLES
Regular *ar* verbs

Infinitive		Present	Preterite	Imperfect	Future	Conditional	Gerund/Past participle
hablar (to speak)	*(yo)*	hablo	hablé	hablaba	hablaré	hablaría	hablando
	(tú)	hablas	hablaste	hablabas	hablarás	hablarías	hablado
	(él/ella/usted)	habla	habló	hablaba	hablará	hablaría	
	(nosotros)	hablamos	hablamos	hablábamos	hablaremos	hablaríamos	
	(vosotros)	habláis	hablasteis	hablabais	hablaréis	hablaríais	
	(ellos/ellas/ustedes)	hablan	hablaron	hablaban	hablarán	hablarían	
estudiar (to study)	*(yo)*	estudio	estudié	estudiaba	estudiaré	estudiaría	estudiando
	(tú)	estudias	estudiaste	estudiabas	estudiarás	estudiarías	estudiado
	(él/ella/usted)	estudia	estudió	estudiaba	estudiará	estudiaría	
	(nosotros)	estudiamos	estudiamos	estudiábamos	estudiaremos	estudiaríamos	
	(vosotros)	estudiáis	estudiasteis	estudiabais	estudiaréis	estudiaríais	
	(ellos/ellas/ustedes)	estudian	estudiaron	estudiaban	estudiarán	estudiarían	

Regular *er* verbs

Infinitive		Present	Preterite	Imperfect	Future	Conditional	Gerund/Past participle
comer (to eat)	(yo)	como	comí	comía	comeré	comería	comiendo
	(tú)	comes	comiste	comías	comerás	comerías	comido
	(él/ella/usted)	come	comió	comía	comerá	comería	
	(nosotros)	comemos	comimos	comíamos	comeremos	comeríamos	
	(vosotros)	coméis	comisteis	comíais	comeréis	comeríais	
	(ellos/ellas/ustedes)	comen	comieron	comían	comerán	comerían	
aprender (to learn)	(yo)	aprendo	aprendí	aprendía	aprenderé	aprendería	aprendiendo
	(tú)	aprendes	aprendiste	aprendías	aprenderás	aprenderías	aprendido
	(él/ella/usted)	aprende	aprendió	aprendía	aprenderá	aprendería	
	(nosotros)	aprendemos	aprendimos	aprendíamos	aprenderemos	aprenderíamos	
	(vosotros)	aprendéis	aprendisteis	aprendíais	aprenderéis	aprenderíais	
	(ellos/ellas/ustedes)	aprenden	aprendieron	aprendían	aprenderán	aprenderían	

Regular *ir* verbs

Infinitive		Present	Preterite	Imperfect	Future	Conditional	Gerund/Past participle
vivir (to live)	(yo)	vivo	viví	vivía	viviré	viviría	viviendo
	(tú)	vives	viviste	vivías	vivirás	vivirías	vivido
	(él/ella/usted)	vive	vivió	vivía	vivirá	viviría	
	(nosotros)	vivimos	vivimos	vivíamos	viviremos	viviríamos	
	(vosotros)	vivís	vivisteis	vivíais	viviréis	viviríais	
	(ellos/ellas/ustedes)	viven	vivieron	vivían	vivirán	vivirían	
recibir (to receive)	(yo)	recibo	recibí	recibía	recibiré	recibiría	recibiendo
	(tú)	recibes	recibiste	recibías	recibirás	recibirías	recibido
	(él/ella/usted)	recibe	recibió	recibía	recibirá	recibiría	
	(nosotros)	recibimos	recibimos	recibíamos	recibiremos	recibiríamos	
	(vosotros)	recibís	recibisteis	recibíais	recibiréis	recibiríais	
	(ellos/ellas/ustedes)	reciben	recibieron	recibían	recibirán	recibirían	

LIST OF COMMON REGULAR VERBS

Common regular *ar* verbs:

abandonar	to abandon, leave, give up
acabar	to complete, finish, end
acampar	to camp, go camping
aceptar	to accept
acompañar	to accompany, go along
aconsejar	to counsel, advise
acostumbrar	to be accustomed, be in the habit of
adaptar	to adapt
admirar	to admire
adoptar	to adopt
adorar	to adore, worship
ahorrar	to save
alimentar	to feed, nourish, sustain
alquilar	to rent, hire
alterar	to alter, change, disturb, upset
amar	to love
anunciar	to announce
apoyar	to support
ayudar	to help, assist, aid
bailar	to dance
bajar	to lower, go down, download
bañarse	to have a bath
besar	to kiss
brindar	to toast, offer
cambiar	to change
caminar	to walk
cancelar	to cancel
cansarse	to tire out, get tired
cantar	to sing
casarse	to marry, get married
causar	to cause, bring about, create
celebrar	to celebrate
cenar	to eat dinner/supper
charlar	to chat, talk
cocinar	to cook
combinar	to combine
comentar	to comment
comparar	to compare
completar	to complete
comprar	to buy
concentrar	to concentrate
conectar	to connect
confirmar	to confirm
conservar	to conserve, save
considerar	to consider
contaminar	to contaminate
contestar	to answer, respond, reply
controlar	to control
cortar	to cut
crear	to create
cuidar	to take care of
curar	to cure, heal
decorar	to decorate
dejar	to leave, let, leave alone, let stand
desarrollar	to develop
desayunar	to eat breakfast
descansar	to rest
desear	to wish, desire
desenchufar	to unplug
desengañar	to disillusion, disabuse
dibujar	to draw
disfrutar	to enjoy, take enjoyment in
ducharse	to have a shower
emborracharse	to get drunk
empeorar	to worsen, make worse, deteriorate
emplear	to employ, use, hire
enamorarse	to fall in love
enseñar	to show, teach
entrar	to enter, go in
entrevistar	to interview
escapar	to escape
escuchar	to listen, hear
esperar	to wait, hope
estornudar	to sneeze
estudiar	to study
evitar	to avoid
faltar	to lack, miss, be missing
fumar	to smoke
ganar	to win, earn, gain
gastar	to spend (money)
grabar	to record
gritar	to scream, shout, yell
hablar	to speak, talk
ingresar	to enter, join a group, become a member
iniciar	to initiate, start
intentar	to intend, try
invitar	to invite
irritar	to irritate
lavar(se)	to wash
levantar(se)	to lift, get up
limitar	to limit
limpiar	to clean, wipe
llamar	to call
llenar	to fill, make full

llevar	to take (literally), wear
llorar	to cry
luchar	to fight, battle, wage war
madurar	to mature, ripen
mandar	to send, order, command
mejorar	to make better, get better, improve
mencionar	to mention
mirar	to watch, see, look
nadar	to swim
necesitar	to need
notar	to note
observar	to observe
odiar	to hate
olvidar	to forget
parar	to stop
participar	to participate
pasar	to pass, spend (time)
preguntar	to ask (a question)
preocupar(se)	to worry, preoccupy, concern (oneself)
preparar	to prepare, fix, get ready
presentar	to present
prestar	to lend, let borrow, loan
programar	to program
quedar	to stay
quejarse	to complain
quemar(se)	to burn (oneself)
quitar	to remove, take off, take away
regresar	to return, go back, give back
reparar	to repair, fix
respetar	to respect
saludar	to greet, say hello
salvar	to save
señalar	to wave, signal, point out, indicate
terminar	to terminate, end, finish, stop
tirar	to throw, pull
tolerar	to tolerate, put up with, endure
tomar	to drink, to take (figuratively)
trabajar	to work
trasladar	to move, transfer
tratar	to treat, try
usar	to use
viajar	to travel, take a trip
visitar	to visit

Common regular *er* verbs:

aprender	to learn
beber	to drink
comer	to eat
cometer	to commit
comprender	to comprehend, understand
correr	to run
deber	to owe, to ought to
depender	to depend
esconder	to hide
meter	to insert, put in
proceder	to proceed
prometer	to promise
responder	to reply, respond

Common regular *ir* verbs:

abrir	to open
admitir	to admit, permit
añadir	to add
asistir	to attend (e.g. classes)
compartir	to share
cubrir	to cover, put the lid on
cumplir	to complete, finish, reach (an age)
decidir	to decide
describir	to describe
descubrir	to discover, uncover
discutir	to discuss
distinguir	to distinguish
dividir	to divide
escribir	to write (but has an irregular past participle)
imprimir	to print
ocurrir	to occur, happen
partir	to divide, leave
permitir	to permit, allow, let
prohibir	to prohibit, forbid, ban
recibir	to receive
subir	to rise, climb, go up, board
sufrir	to suffer
vivir	to live, be alive

IRREGULAR VERB TABLES

Infinitive		Present	Preterite	Imperfect	Future	Conditional	Gerund/Past participle
dar (to give)	(yo)	doy	di	daba	daré	daría	dando
	(tú)	das	diste	dabas	darás	darías	dado
	(él/ella/usted)	da	dio	daba	dará	daría	
	(nosotros)	damos	dimos	dábamos	daremos	daríamos	
	(vosotros)	dais	disteis	dabais	daréis	daríais	
	(ellos/ellas/ustedes)	dan	dieron	daban	darán	darían	
decir (to say)	(yo)	digo	dije	decía	diré	diría	diciendo
	(tú)	dices	dijiste	decías	dirás	dirías	dicho
	(él/ella/usted)	dice	dijo	decía	dirá	diría	
	(nosotros)	decimos	dijimos	decíamos	diremos	diríamos	
	(vosotros)	decís	dijisteis	decíais	diréis	diríais	
	(ellos/ellas/ustedes)	dicen	dijeron	decían	dirán	dirían	
estar (to be)	(yo)	estoy	estuve	estaba	estaré	estaría	estando
	(tú)	estás	estuviste	estabas	estarás	estarías	estado
	(él/ella/usted)	está	estuvo	estaba	estará	estaría	
	(nosotros)	estamos	estuvimos	estábamos	estaremos	estaríamos	
	(vosotros)	estáis	estuvisteis	estabais	estaréis	estaríais	
	(ellos/ellas/ustedes)	están	estuvieron	estaban	estarán	estarían	
haber (to have)	(yo)	he	hube	había	habré	habría	habiendo
	(tú)	has	hubiste	habías	habrás	habrías	habido
	(él/ella/usted)	ha	hubo	había	habrá	habría	
	(nosotros)	hemos	hubimos	habíamos	habremos	habríamos	
	(vosotros)	habéis	hubisteis	habíais	habréis	habríais	
	(ellos/ellas/ustedes)	han	hubieron	habían	habrán	habrían	

GRAMMAR GLOSSARY | 237

Infinitive		Present	Preterite	Imperfect	Future	Conditional	Gerund/Past participle
hacer (to make/do)	(yo)	hago	hice	hacía	haré	haría	haciendo
	(tú)	haces	hiciste	hacías	harás	harías	hecho
	(él/ella/usted)	hace	hizo	hacía	hará	haría	
	(nosotros)	hacemos	hicimos	hacíamos	haremos	haríamos	
	(vosotros)	hacéis	hicisteis	hacíais	haréis	haríais	
	(ellos/ellas/ustedes)	hacen	hicieron	hacían	harán	harían	
ir (to go)	(yo)	voy	fui	iba	iré	iría	yendo
	(tú)	vas	fuiste	ibas	irás	irías	ido
	(él/ella/usted)	va	fue	iba	irá	iría	
	(nosotros)	vamos	fuimos	íbamos	iremos	iríamos	
	(vosotros)	vais	fuisteis	ibais	iréis	iríais	
	(ellos/ellas/ustedes)	van	fueron	iban	irán	irían	
poder (to be able to)	(yo)	puedo	pude	podía	podré	podría	pudiendo
	(tú)	puedes	pudiste	podías	podrás	podrías	podido
	(él/ella/usted)	puede	pudo	podía	podrá	podría	
	(nosotros)	podemos	pudimos	podíamos	podremos	podríamos	
	(vosotros)	podéis	pudisteis	podíais	podréis	podríais	
	(ellos/ellas/ustedes)	pueden	pudieron	podían	podrán	podrían	
poner (to put)	(yo)	pongo	puse	ponía	pondré	pondría	poniendo
	(tú)	pones	pusiste	ponías	pondrás	pondrías	puesto
	(él/ella/usted)	pone	puso	ponía	pondrá	pondría	
	(nosotros)	ponemos	pusimos	poníamos	pondremos	pondríamos	
	(vosotros)	ponéis	pusisteis	poníais	pondréis	pondríais	
	(ellos/ellas/ustedes)	ponen	pusieron	ponían	pondrán	pondrían	

Infinitive		Present	Preterite	Imperfect	Future	Conditional	Gerund/Past participle
querer (to want)	(yo)	quiero	quise	quería	querré	querría	queriendo
	(tú)	quieres	quisiste	querías	querrás	querrías	querido
	(él/ella/usted)	quiere	quiso	quería	querrá	querría	
	(nosotros)	queremos	quisimos	queríamos	querremos	querríamos	
	(vosotros)	queréis	quisisteis	queríais	querréis	querríais	
	(ellos/ellas/ustedes)	quieren	quisieron	querían	querrán	querrían	
saber (to know)	(yo)	sé	supe	sabía	sabré	sabría	sabiendo
	(tú)	sabes	supiste	sabías	sabrás	sabrías	sabido
	(él/ella/usted)	sabe	supo	sabía	sabrá	sabría	
	(nosotros)	sabemos	supimos	sabíamos	sabremos	sabríamos	
	(vosotros)	sabéis	supisteis	sabíais	sabréis	sabríais	
	(ellos/ellas/ustedes)	saben	supieron	sabían	sabrán	sabrían	
salir (to go out)	(yo)	salgo	salí	salía	saldré	saldría	saliendo
	(tú)	sales	saliste	salías	saldrás	saldrías	salido
	(él/ella/usted)	sale	salió	salía	saldrá	saldría	
	(nosotros)	salimos	salimos	salíamos	saldremos	saldríamos	
	(vosotros)	salís	salisteis	salíais	saldréis	saldríais	
	(ellos/ellas/ustedes)	salen	salieron	salían	saldrán	saldrían	
ser (to be)	(yo)	soy	fui	era	seré	sería	siendo
	(tú)	eres	fuiste	eras	serás	serías	sido
	(él/ella/usted)	es	fue	era	será	sería	
	(nosotros)	somos	fuimos	éramos	seremos	seríamos	
	(vosotros)	sois	fuisteis	erais	seréis	seríais	
	(ellos/ellas/ustedes)	son	fueron	eran	serán	serían	

Infinitive		Present	Preterite	Imperfect	Future	Conditional	Gerund/ Past participle
tener (to have)	(yo)	tengo	tuve	tenía	tendré	tendría	teniendo
	(tú)	tienes	tuviste	tenías	tendrás	tendrías	tenido
	(él/ella/usted)	tiene	tuvo	tenía	tendrá	tendría	
	(nosotros)	tenemos	tuvimos	teníamos	tendremos	tendríamos	
	(vosotros)	tenéis	tuvisteis	teníais	tendréis	tendríais	
	(ellos/ellas/ustedes)	tienen	tuvieron	tenían	tendrán	tendrían	
venir (to come)	(yo)	vengo	vine	venía	vendré	vendría	viniendo
	(tú)	vienes	viniste	venías	vendrás	vendrías	venido
	(él/ella/usted)	viene	vino	venía	vendrá	vendría	
	(nosotros)	venimos	vinimos	veníamos	vendremos	vendríamos	
	(vosotros)	venís	vinisteis	veníais	vendréis	vendríais	
	(ellos/ellas/ustedes)	vienen	vinieron	venían	vendrán	vendrían	
ver (to see)	(yo)	veo	vi	veía	veré	vería	viendo
	(tú)	ves	viste	veías	verás	verías	visto
	(él/ella/usted)	ve	vio	veía	verá	vería	
	(nosotros)	vemos	vimos	veíamos	veremos	veríamos	
	(vosotros)	veis	visteis	veíais	veréis	veríais	
	(ellos/ellas/ustedes)	ven	vieron	veían	verán	verían	

REFERENCES

Page 8, 1A(1), Longer reading task: Adapted and abridged from http://www.webconsultas.com/mente-y-emociones/test-de-psicologia/test-eres-un-buen-amigo-11385.

Page 10, 1A(2), Longer reading task: Poem adapted and abridged from 'Algunas amistades son eternas' by Pablo Neruda (http://www.poemasdeamistadcortos.net/poema-algunas-amistades-son-eternas/).

Page 11, 1A(2), Listening task: The text used for the listening transcript has been adapted and abridged from http://mimediamanzana.co/blog/consejos-para-mujeres/busco-novio-por-Internet-estare-desesperada.

Page 12, 1A(3), Longer reading task: Adapted and abridged from http://sociologianight2015.blogspot.co.uk/2015/07/hay-mucha-gente-que-desea-serfamosa.html.

Page 13, 1A(3), Listening task: Interview abridged and adapted from http://sociedad.elpais.com/sociedad/2007/09/18/actualidad/1190118600_1190121669.html.

Page 18, 1B(1), Short reading task: Text adapted and abridged from the novel *Redes Peligrosas* by Vik Arrieta – the first chapter of the novel is published free on http://www.quipu.com.ar/shop/libros/554-redes-peligrosas-9789875041073.html.

Page 19, 1B(1), Listening task: The text for the transcript is adapted and abridged from the website: http://universalphone.es/.

Page 20, 1B(2), Short reading task: Text adapted and abridged from http://wol.jw.org/es/wol/d/r4/lp-s/102011250#h=53.

Page 20, 1B(2), Longer reading task: Adapted and abridged from http://www.gvsu.edu/cms3/assets/F8585381-E4E9-6F8E-F7EE2083CCE4F9AC/2012/nuestrosensayos/ensayos_el_impacto_de_la_tecnologa.rtf.pdf.

Page 21, 1B(2), Listening task: The text is adapted and abridged from http://josefacchin.com/2014/12/29/adiccion-a-las-redes-sociales-infografia/.

Page 22, 1B(3), Short reading task: Text adapted and abridged from http://www.quo.es/tecnologia/como-sera-mundo-futuro.

Page 22, 1B(3), Longer reading task: Text adapted and abridged from http://www.gvsu.edu/cms3/assets/F8585381-E4E9-6F8E-F7EE2083CCE4F9AC/2012/nuestrosensayos/ensayos_el_impacto_de_la_tecnologa.rtf.pdf.

Page 23, 1B(3), Listening task: The text from the listening transcript is adapted and abridged from http://m.20minutos.es/noticia/2457696/0/dia-de-Internet/futuro-de-la-red/Internet-de-las-cosas/.

Page 30, 2A(1), Longer reading task: Taken from https://www.tripadvisor.cl/ShowUserReviews-g312810-d2187081-r178703477-Castelar_Hotel_Santa_Fe-Santa_Fe_Province_of_Santa_Fe_Litoral.html.

Page 32, 2A(2), Short reading task: Extract adapted and abridged from *La obsessión por la calma* by Lorenzo Rubio. The first chapter is available on Amazon 'look inside': https://www.amazon.com/obsesi%C3%B3n-por-calma-Spanish-ebook/dp/B014OCJNUW?ie=UTF8&*Version*=1&*entries*=0.

Page 33, 2A(2), Longer reading task: Adapted and abridged from http://visitlondones.gttix.com/productdetails.aspx?productid=124&_ga=1.210648149.1130348400.1453632717.

Page 35, 2A(3), Listening task: The text for the transcript is adapted and abridged from http://www.diariosur.es/20070726/local/malaga/malaguenos-espanoles-satisfechos-vivir-200707261917.html.

Page 41, 2B(1), Listening task: The text is based on information from http://www.burrotaxi.es/historia.php.

Page 44, 2B(3), Longer reading task: This extract is adapted and abridged from *Un viaje y un encuentro* by Lorena Uhart. Available for free download at https://espanol.free-ebooks.net/ebook/Un-Viaje-y-un-Encuentro.

Page 54, 3A(1), Longer reading task: Extract adapted and abridged from the novel *Colegio Maldito* by

Gabriel Korenfeld. The first chapter is available free at: http://www.quipu.com.ar/shop/libros/517-colegio-maldito-9789875040588.html.

Page 58, 3A(3), Short reading task: Adapted and abridged from http://www.donquijote.org/cultura/espana/sociedad/costumbres/la-educacion-en-espana.

Page 58, 3A(3), Longer reading task: Adapted and abridged from https://periodicolosolmos.wordpress.com/entrevistas-a-profesores/.

Page 63, 3B(1), Longer reading task: Adapted and abridged from http://noticias.universia.es/en-portada/noticia/2012/08/14/958403/50-razones-debes-aprender-nuevo-idioma.html.

Page 64, 3B(2), Short reading task: Extract from the novel *Me, Myself and I* by Eliezar Magaña: https://espanol.free-ebooks.net/ebook/Me-Myself-and-I.

Page 66, 3B(3), Longer reading task: Adapted from https://www.examtime.com/es/blog/como-combatir-el-estres-academico/.

Page 74, 4A(1), Longer reading task: Text is taken from a promotional website for a chain of organic supermarkets: http://www.veritas.es/es/quienes-somos.

Page 75, 4A(1), Listening task: Information adapted from http://www.clarin.com/buena-vida/tendencias/vegetarianos-dieta-futuro_0_767923454.html.

Page 76, 4A(2), Short reading task: Adapted from http://www.depormeet.com/contenido/entrevista-a-samuel-sanchez-ciclista-del/345.

Page 77, 4A(2), Longer reading task: Adapted and abridged from *El Puñitos* by Josué Figueroa Palma.

Page 77, 4A(2), Listening task: The text is adapted from http://www.centrodeportivoj10.com/entrenador-personal/.

Page 78, 4A(3), Short reading task: Article adapted from http://www.lavozdegalicia.es/noticia/sociedad/2013/09/18/guerra-euforizantes-legales/0003_201309G18P25991.htm.

Page 78, 4A(3), Longer reading task: Adapted from http://www.bbc.com/mundo/noticias/2013/09/130913_cigarrillos_electronicos_auge_jgc.

Page 79, 4A(3), Listening task: The text is adapted and abridged from http://elpais.com/elpais/2014/10/14/ciencia/1413308945_039014.html.

Page 84, 4B(1), Short reading task: Adapted from http://www.webconsultas.com/bebes-y-ninos/juegos-y-ocio-infantil/aspectos-positivos-y-negativos-de-los-videojuegos-para-los.

Page 84, 4B(1), Longer reading task: Adapted from http://www.abc.es/familia-padres-hijos/20130606/abci-vivi-tele-201306051537.html.

Page 85, 4B(1), Listening task: Text adapted from http://www.multicinesvaldepenas.es/index.php/promocion/6585424111111111.

Page 86, 4B(2), Short reading task: Adapted from the novel *La furia de Nico* by Gabriel Korenfeld.

Page 86, 4B(2), Longer reading task: Adapted from http://blog.micomerciolocal.com/3-de-cada-4-jovenes-prefiere-comprar-en-tiendas-fisicas-hacerlo-por-Internet/.

Page 88, 4B(3), Short reading task: Adapted from http://misionesonline.net/2013/01/07/qu-hacen-los-argentinos-con-su-tiempo-libre/.

Pages 88–89, 4B(3), Longer reading task: Text adapted from http://edant.clarin.com/diario/2006/08/14/um/m-01252358.htm and: http://www.el-nacional.com/GDA/Concursante-japonesa-campeonato-mundial-guitarra_0_473952620.html.

Page 89, 4B(3), Listening task: The text for the transcript is adapted from http://www.imujer.com/5317/el-equilibrio-perfecto-entre-el-trabajo-y-la-vida-personal.

Page 96, 5A(1), Listening task: Text adapted from http://www.myguiadeviajes.com/2013/05/25-razones-para-visitar-sevilla/.

Page 97, 5A(1), Longer reading task: Text adapted from http://www.visitmexico.com/es/playas-de-cancun-quintana-roo/.

Page 98, 5A(2), Short reading task: Text adapted from http://megaricos.com/2012/07/05/los-diez-principales-destinos-turisticos-en-espana/.

Pages 98–99, 5A(2), Longer reading text: Extract from the novel *Madrid zombi* by Juan Carlos Sánchez Clemares.

Page 99, 5A(2), Listening text is adapted from http://blogs.elpais.com/paco-nadal/2013/11/trekking-teyuna-ciudad-perdida-colombia.html.

Page 100, 5A(3), Listening task: Text adapted from http://www.coffeetour.com/coffee-lovers-tour-es.

Page 101, 5A(3), Longer reading task: Text adapted and abridged from http://www.fcbarcelona.es/camp-nou/camp-nou-experience/mobile-tour-mas-informacion.

Page 104, 5B(1), Short reading task: Text adapted from http://www.melia.com/es/hoteles/espana/valencia/melia-valencia/index.html.

Page 104, 5B(1), Longer reading task: Based on TripAdvisor reviews from https://www.tripadvisor.es/Hotel_Review-g1078807-d2602374-Reviews-La_Marina_Camping_Resort-La_Marina_Costa_Blanca_Alicante_Province_Valencian_Country.html#review_356138252.

Page 106, 5B(2), Longer reading task: Text adapted and abridged from the novel *Sin fronteras* by Albert Casals.

Page 106, 5B(2), Listening task: Text for the transcript adapted from https://www.teahousetransport.com/es/.

Page 108, 5B(3), Short reading task: Text adapted from http://cadenaser.com/programa/2014/08/26/ser_consumidor/1409019209_850215.html.

Page 108, 5B(3), Longer reading task: Text adapted from http://www.estrelladigital.es/articulo/espanha/espana-fiesta-ocio-sexo-y-alcohol/20140711141114203595.html.

Page 109, 5B(3), Listening task: Text for the transcript adapted from http://economia.elpais.com/economia/2015/08/23/actualidad/1440355929_902856.html.

Page 116, 6A(1), Short reading task: Text adapted from http://www.entrepreneur.com/article/267085 and http://aulainteractiva.org/crear-buenas-primeras-impresiones-874/.

Page 117, 6A(1), Longer reading task: Text adapted from http://www.finanzas.com/noticias/empleo/20131104/empleo-diez-trabajos-divertidos-2534230.html and https://prezi.com/tiqgjep6pmlk/probador-de-toboganes-acuaticos/.

Page 117, 6A(1), Listening task: Text for the transcript is adapted from: http://www.adeccorientaempleo.com/altavoz/que-te-ha-aportado-hacer-practicas-en-empresas/.

Page 118, 6A(2), Short reading task: Text adapted from the novel *Hasta que te conocí* by Anna Garcia.

Page 119, 6A(2), Longer reading task: Text adapted and abridged from http://es.wikihow.com/ahorrar-mucho-dinero-(para-adolescentes).

Page 119, 6A(2), Listening task: The text for the transcript is adapted from http://ecodiario.eleconomista.es/sociedad/noticias/5574773/02/14/Los-adolescentes-y-jovenes-espanoles-gastan-154-euros-al-mes.html.

Page 120, 6A(3), Short reading task: Text adapted from https://www.studentjob.es/trabajo-verano/mallorca.

Page 120, 6A(3), Longer reading task: Text adapted from http://www.primerahora.com/noticias/puerto-rico/nota/joveneshacenfilaparaempleodeverano-639927/.

Page 121, 6A(3), Listening task: Text for the transcript adapted from http://www.voluntariosenelmundo.com/comparte-tu-experiencia/.

Page 124, 6B(1), Longer reading task: Text adapted and abridged from the novel *75 consejos para sobrevivir en el colegio* by Maria Frisa.

Page 125, 6B(1), Listening task: Text for the transcript adapted from http://es.hudson.com/es-es/sobre-hudson/sala-de-noticias/notas-de-prensa-y-art%C3%ADculos/c%C3%B3mo-responder-a-las-5-preguntas-m%C3%A1s-frecuentes-en-las-entrevistas-de-trabajo.

Page 126, 6B(2), Short reading task: Text adapted from http://m.cnnexpansion.com/mi-carrera/2011/03/24/tu-personalidad-te-da-el-empleo-perfecto.

Page 126, 6B(2), Listening task: Text based on information taken from http://hablaenpublicoconpoder.com/blog/plan-para-desarrollar-tus-habilidades-para-hablar-en-publico.html.

Page 127, 6B(2), Longer reading task: Text adapted from http://www.ehowenespanol.com/personalidades-tipo-info_183356/#page=0.

Page 128, 6B(3), Short reading task: Text adapted from http://www.mejorartucv.com/las-10-cualidades-que-mas-buscan-las-empresas/.

Page 128, 6B(3), Longer reading task: Text adapted from http://noticias.universia.edu.pe/vida-universitaria/noticia/2015/03/09/1121129/buscan-empleadores-estudiantes-universitarios.html.

Page 129 6B(3), Listening task: Text adapted from http://canada-english.com/sp/english-for-business.

Page 136, 7A(1), Longer reading task: Text adapted from http://www.sabormediterraneo.com/port/c_preparada.htm.

Page 137, 7A(1), Listening task: The text for the transcript is adapted from http://www.elmundo.es/television/2015/12/17/56728f3c22601d303f8b4644.html.

Page 140, 7A(3), Short reading task: Text adapted from http://www.traveler.es/viajes/placeres/articulos/30-prejuicios-sobre-la-gastronomia-espanola/5198.

Page 140, 7A(3), Longer reading task: Text adapted from the novel *Chef junior y el libro de las recetas con cuento* by César López.

Page 141, 7A(3), Listening task: Text for the transcript adapted from http://www.knorr.com.co/articulo/detalle/429281/la-importancia-de-comer-en-familia.

Page 146, 7B(1), Short reading task: Text adapted from http://www.partybus.es/party/info-despedidas.

Page 146, 7B(1), Longer reading task: Text adapted from http://misanimales.com/celebrar-una-fiesta-de-cumpleanos-para-tu-perro.

Page 148, 7B(2), Short reading task: Text adapted from http://fiberfib.com/la-llegada.php#consejos.

Page 148, 7B(2), Listening task: The text for transcript adapted from http://www.elenanorabioso.com/2014/03/entrevista-a-la-organizacion-del-sansan-festival-gandia-amaral-lori-meyers-love-of-lesbian-izal/.

Page 149, 7B(2), Longer reading task: Text adapted from http://www.st-andrews.ac.uk/~theinterpreter/2014/09/benicassim-el-festival-ideal-o-no/.

Page 150, 7B(3), Short reading task: Text adapted from http://www.velamen.com/blog/el-dia-internacional-de-la-lucha-de-almohadas/.

Page 150, 7B(3), Longer reading task: Text adapted from the novel *75 consejos para celebrar tu cumpleaños a lo grande* by Maria Frisa.

Page 151, 7B(3), Listening task: Text for the transcript adapted from: http://ccaa.elpais.com/ccaa/2016/01/01/galicia/1451668322_369587.html.

Page 159, 8A(1), Longer reading task: Text adapted from the novel *Vega III y la Peste* by Juan José Braun.

Page 160, 8A(2), Short reading task: Article adapted from http://www.oviedo.es/servicios-municipales/medio-ambiente/sistema-recogida-selectiva-basuras.

Page 160, 8A(2), Longer reading task: Text adapted from two articles http://www.rinconabstracto.com/2011/09/las-10-formas-mas-extranas-de-ser.html#ixzz44mVg5nLi and http://www.taringa.net/posts/mac/11001373/Un-Bikini-para-cargar-tu-iPod.html.

Page 161, 8A(2), Listening task: Text for the transcript adapted from http://blogecologia6b5.blogspot.co.uk/2009/11/entrevista-flavia-moraga.html.

Page 162, 8A(3), Short reading task: Text adapted from http://news.bbc.co.uk/hi/spanish/specials/2006/generacion_futuro/newsid_6159000/6159415.stm.

Page 162, 8A(3), Longer reading task: Text adapted from http://www.gstriatum.com/energiasolar/blog/2008/04/28/el-top-4-de-energias-renovables-extranas/.

Page 163, 8A(3), Listening task: Text for the transcript adapted from http://elpais.com/diario/2006/04/27/ciberpais/1146104666_850215.html.

Page 168, 8B(1), Short reading task: Text adapted from http://www.lavanguardia.com/vangdata/20151010/54438008482/cuanta-gente-mundo-situacion-extrema-pobreza.html.

Page 169, 8B(1), Longer reading task: Adapted from the novel *Último Otoño en París* by Milagros del Corral.

Page 169, 8B(1), Listening task: Text for the transcript adapted from http://www.bbc.com/mundo/noticias/2015/06/150611_salud_virus_zika_preguntas_respuestas_kv.

Page 170, 8B(2), Short reading task: Text adapted from http://www.bbc.com/mundo/noticias/2015/09/150907_crisis_refugiados_sirios_migracion_america_latina_irm.

Page 170, 8B(2), Longer reading task: Text adapted from http://noticias.universia.es/cultura/noticia/2015/09/11/1131054/como-puedes-ayudar-refugiados-descubre-5-maneras-hacerlo.html.

Page 171, 8B(2), Listening task: Text for the transcript adapted from http://www.voluntariadocajasol.org/noticias/305-un-ano-mas-con-las-cajas-de-navidad.

Page 172, 8B(3), Short reading task: Text adapted from http://www.eldefinido.cl/actualidad/mundo/4402/Mujer-hace-millonario-a-mendigo-que-le-ofrecio-dinero-para-un-taxi/.

Page 172, 8B(3), Longer reading task: Text adapted from https://www.unicef.es/cooperacion-internacional/donar-ong/hacer-donacion/fondo-de-emergencias.

Page 181, 9A(1), Listening task: Text for the transcript adapted from http://rincon-de-reflexiones-de-kaylee.blogspot.co.uk/2005/09/mis-planes-para-el-futuro.html.

Page 182, 9A(1), Short reading task: Text adapted from http://www.emagister.com/blog/por-que-estudiar-bachillerato-internacional.

Page 182, 9A(1), Longer reading task: Text adapted from the novel *Melanie* by Shannon Corbera Parcerisas.

Page 183, 9A(2), Listening task: Text for the transcript adapted from https://www.bachilleratodesdecasa.com/.

Page 184, 9A(3), Short reading task: Text adapted from http://www.eleconomista.es/empleo/noticias/1976456/03/10/Nervioso-ante-una-entrevista-de-trabajo-Los-casos-mas-surrealistas.html.

Page 184, 9A(3), Longer reading task: Text adapted from http://www.mineducacion.gov.co/observatorio/1722/article-259328.html.

Page 188, 9B(1), Longer reading task: Text adapted from http://www.consumer.es/web/es/educacion/universidad/2010/03/21/191878.php#sthash.eY9kjsL3.dpuf.

Page 189, 9B(1), Listening task: Text for transcript adapted from http://landing.uem.es/formacion-profesional.php?gclid=CJDb8MjN_MsCFY4y0wodnq4BqA&gclsrc=aw.ds.

Page 190, 9B(2), Short reading task: Text adapted from http://www.qestudio.com/trabaja-extranjero-7397/.

Page 190, 9B(2), Longer reading task: Text adapted from http://www.heraldo.es/noticias/economia/formacion/2015/06/08/un_ano_sabatico_alternativa_comenzar_universidad_365217_2001024.html, http://www.ehowenespanol.com/cuales-son-ventajas-desventajas-tomarse-ano-sabatico-escuela-secundaria-universidad-info_468499/ and http://www.ef.com/cl/.

Page 191, 9B(2), Listening task: Text for transcript adapted from http://politica.elpais.com/politica/2014/10/22/actualidad/1413974500_362946.html and http://economia.elpais.com/economia/2014/11/23/actualidad/1416766833_921888.html.

Page 192, 9B(3), Longer reading task: Text adapted from the novel *Hormigas en la playa* by Rafa Moya.

Page 193, 9B(3), Listening task: Text for transcript adapted from https://sites.google.com/a/g.clemson.edu/annalaurenmeeks/future-plans.m.

IMAGE CREDITS

Icons: Reading, Listening, Speaking, Writing, Extra, Grammar, Lightbulb, Vocabulary, © schinsilord – Fotolia.

Page 7, © JB Fontana – Fotolia: Page 9, © micromonkey – Fotolia: Page 10, © Valua Vitaly – Fotolia: Page 11, © Milkos – Fotolia: Page 12, © schinsilord – Fotolia: Page 13, © stadelpeter – Fotolia: Page 18, © Photographee.eu – Fotolia: Page 19, © talitha – Fotolia: Page 20, © Eugenio Marongiu – Fotolia: Page 23, © lassedesignen – Fotolia: Page 26, © JackF – Fotolia: Pages 28–29, © Lukassek – Fotolia: Page 30, © Alex White – Fotolia: Page 32, © Delphotostock Lukassek – Fotolia: Page 35 (l), © silver-john – Fotolia: Page 35 (r), © Kara – Fotolia: Page 40, © Aleksandar Todorovic – Fotolia: Page 41, © Maika – Fotolia: Page 43, © connel_design – Fotolia: Page 45, © lucadp – Fotolia: Page 51, © VRD – Fotolia: Pages 52–53, © sebra – Fotolia: Page 54, © BillionPhotos.com – Fotolia: Page 55, © Monkey Business – Fotolia: Page 57, © Vladimir Melnikov – Fotolia: Page 58, © Peter Atkins – Fotolia: Page 62a, b, c, d, e, f, g, © vectorikart – Fotolia, 62h, © treenabeena– Fotolia: Page 65, © Antonio Gravante – Fotolia: Page 67, © Tom Wang – Fotolia: Page 70, © David Pereiras – Fotolia: Pages 72–73, © Brian Jackson – Fotolia: Page 75, © BillionPhotos.com – Fotolia: Page 76, © Lsantilli – Fotolia: Page 77, © Hoda Bogdan – Fotolia: Page 79, © Mediterranean – Fotolia: Page 85, © WavebreakMediaMicro – Fotolia: Page 88, © Focus Pocus LTD – Fotolia: Page 93, © JackF – Fotolia: Pages 94–95, © Black Spring – Fotolia: Page 97, © Premium Collection – Fotolia: Page 99, © berc – Fotolia: Page 101, © vladislav333222 – Fotolia: Page 104a, b, c, d, f © valentint – Fotolia 104e, © vectorchef – Fotolia: Page 107, © aciero – Fotolia: Page 109, © Boggy – Fotolia: Page 112, © Zerophoto – Fotolia: Pages 114–115, © mikola249 – Fotolia: Page 117, © zhu difeng – Fotolia: Page 118, © pathdoc – Fotolia: Page 121, © Monkey Business – Fotolia: Page 125, © luckyli – Fotolia: Page 127, © goodluz – Fotolia: Page 129, © djile – Fotolia: Page 132, © soloveyigor – Fotolia: Pages 134–135, © koss13 – Fotolia: Page 137, © Aliaksei Lasevich – Fotolia: Page 139, © exclusive-design – Fotolia: Page 140, © Robert Kneschke – Fotolia: Page 141, © Tupungato – Fotolia: Page 146, © Kiko Jimenez – Fotolia: Page 147, © LuckyImages – Fotolia: Page 149, © Mik Man – Fotolia: Page 151, © Tyron Molteni – Fotolia: Page 154 © luckyli – Fotolia: Pages 156–157, © peshkov – Fotolia: Page 161, © icsnaps – Fotolia: Page 163, © Smileus – Fotolia: Page 168, © Halfpoint – Fotolia: Page 171, © sanchos303 – Fotolia: Page 176, © sylv1rob1 – Fotolia: Pages 178–179, © Konstantin Yuganov – Fotolia: Page 181, © Syda Productions – Fotolia: Page 183, © vege – Fotolia: Page 185, © connel_design – Fotolia: Page 189, © javiindy – Fotolia: Page 190, © Olivier Le Moal – Fotolia: Page 193, © faithie – Fotolia: Page 196, © cienpiesnf – Fotolia: Pages 198–231, © schinsilord – Fotolia.